孩子不仅给我们带来了快乐，
更重要的是他们把我们重新引入真、善、美的世界

立 品 图 书 · 自觉 · 觉他
www.tobebooks.net
出 品

Storytelling
with Children

你也可以成为故事高手

[美] 南希 · 梅隆 著　周悬 译

天津出版传媒集团
天津教育出版社
TIANJIN EDUCATION PRESS

图书在版编目（CIP）数据

你也可以成为故事高手 / (美) 梅隆著 ; 周悬译
-- 天津 : 天津教育出版社, 2013.8
书名原文: Storytelling with children
ISBN 978-7-5309-7299-1

Ⅰ. ①你… Ⅱ. ①梅… ②周… Ⅲ. ①家庭教育
Ⅴ. ①G78

中国版本图书馆CIP数据核字(2013)第177835号

你也可以成为故事高手

出 版 人 胡振泰
作　　者 [美] 南希 · 梅隆
译　　者 周 悬
责任编辑 赵建荣
装帧设计 亿点印象
出版发行 天津出版传媒集团
天津教育出版社有限公司
天津市和平区西康路 35 号　邮政编码 300051
http://www.tjeph.com.cn
经　　销 新华书店
印　　刷 三河市华晨印务有限公司
版　　次 2013 年 8 月第 1 版
印　　次 2013 年 8 月第 1 次印刷
规　　格 16 开（787 × 1092 毫米）
字　　数 119 千字
印　　张 13
书　　号 ISBN 978-7-5309-7299-1
定　　价 35.00 元

本书献给亲爱的休（蓝调大哥）[1]和

露丝·希尔，

他们是“永恒故事家”协会的亲密朋友。

也献给世界各地每一位充满灵感的故事讲述者。

[1] 蓝调大哥（Brother Blue，1921~2009）：非裔美国人，著名故事家，善于以说唱形式讲故事。——译者注

前　言

五年以前，我开始在两个孩子睡觉之前的半小时给他们讲故事。我这样做并不是出于什么原则或理论，只是恰巧这样做了。很多故事变得很长很长，每一小节成一个独立的小故事，一连讲上好几个月甚至好几年。故事通常以固定的模式开头，包含着共同的结构元素，同样的角色一再出现，新面孔也渐次加入进来。例如，在“弗朗西斯国王和梅芙王后”系列中，开头经常是弗朗西斯国王早晨醒来，走到卧室外面的阳台上俯瞰他的王国，一切都像平常一样安静而美丽，这时，远远的地平线上隐约出现一个奇怪的小东西。

每天晚上我都会征求孩子们的意见，问他们愿意听哪个故事。他们会说“弗朗西斯国王”或“阿南达·库玛拉斯沃米”或“蓝脚丫”。有时候他们会提出他们希望故事里出现哪些情节，但我通常会告诉他们，我不能强迫故事里的人按照我的想法去做事，也不能强迫故事情节按照我的想法去展开，我只是像他们一样倾听着正在讲述的这个故事。

多年来，通过这样的讲故事，我学到了很多。我发现了重复和固定模式的美。我发现故事角色的力量是如此强大，像活生生的人一样和我们建立了关系。我还发现了所有好的故事——无论长短——都会呈现的某种弧度。首先，我总是花一点时间安静下来，让今晚的故事从中诞生，显露出大致的雏形。我学会去相信，如果我敞开心灵去迎接灵感，故事就会出现并完成它自己。有少数几个朋友知道我在给孩子讲故事，他们都说这对孩子们非常有益，不过这不是我讲故事的目的。我讲故事，只是出于纯粹的快乐，孩子们和我发现，我们可以共同去做这样一件事情。很多个夜晚，我心怀感激，因为尽管在我看来故事讲得并不好，孩子们却很开心，很享受。故事讲完之后，我听着孩子们的响动，他们从深深的专注中出来，进入另一个世界，准备睡觉。那一刻的声响是我生命中最甜美的音乐。孩子们很少会在讲故事的过程中睡着，不过如果他们真的睡着了，我会很高兴。

我亲身体会到，家中的故事时光是多么宝贵和快乐。我想强调的一点是，在我们家，讲故事的习惯是在不知不觉中建立起来的，我并没有根据任何教育或育儿理念去刻意这样做。的确，关于故事我恰好有很多想法和理论，但它们只是在无意识当中形成的。

南希·梅隆为家长所写的这本讲故事的书令我十分欣喜。她也有很多的创意和想法，但她不去建立一套令人厌烦的理论。她欣赏各种不同的讲故事的方法和模式。她带着我们去了解各个家庭中的实际做法，从而清晰地呈现出各种可能性。同时她帮助我们看到，家庭故事也可以有经典的主题和形式。她深深懂得声音和语言表达的重要性，但她不制定生硬的规则。

我想，南希的这本书会带给家长一些引导和鼓励，让他们去信任自己的想象，去发现不论是伟大的经典故事还是平常夜晚父母即兴给孩子讲述的简单故事都共同拥有的一些结构母题。我们做父母的最不需要的就是一本讲故事的规则手册，我们需要的是温和的鼓励，好让我们有勇气去扮演故事讲述者的角色。我很喜欢南希·梅隆的做法，她提供了许多好点子，却不让我们感觉到我们必须遵守特定的要求，否则就做得不对或不好。在讲故事的过程中，一旦失去了快乐和个人创造，这一活动也就失去了灵魂。给孩子讲故事的父母是在延续一个传统，这个传统看起来简单，实际上复杂而严肃。给孩子讲故事并不是哄小孩的把戏，对于讲述者来说，这种乐趣完全是成人式的。南希·梅隆以一个优秀故事家的敏感描述了所有这一切，此外她还提到父母尝试讲故事时会遇到的一些障碍。我承认，有时候我担心我的故事不够好，但那是作为作家和学者的那部分我在发出不必要的担心。

当我后退一步，思考我给孩子们讲故事这件事时，我对孩子们的一个希望是他们能够发现如何置身于想象的世界。弗朗西斯国王、梅芙王后和阿南达·库玛拉斯沃米的古董店都是真实的。这些都是想象，但对我来说，想象在很多方面比所谓的“现实”——被剥夺了想象的生活——更重要。让南希·梅隆教你讲故事，带着你去发现那个真正与众不同的世界吧——为了孩子，也为了你自己！

托马斯·莫尔（Thomas Moore）

目 录

引　言

家里有一个充满智慧而又醉心于讲故事的人真是太幸运了。成为这样一个人永远也不嫌太早，也永远都不会太晚。

故事给一代又一代的人们带来了洞察力，带来安慰、灵感和教导；然而当前时代我们需要以全新的方式投身于这项古老的艺术。本书可以帮助读者发现为什么要在家里讲故事、如何讲故事、如何化解心理障碍，以及在生活中如何顺利地为孩子们讲出好故事。

从孩子们身上我们经常会看到自己的缺点，然而如果我们专心致志地陪伴孩子，就会从他们身上获得鼓舞，去做那些我们以为自己永远都不可能做到的事情。当我们和孩子一起成长，他们也从我们这里学会了如何汲取记忆和想象世界中隐藏的丰富营养，去满足他们的需要。

许多父母或其他成人第一次发现孩子希望大人亲自为他们编故事时，都会感到惊讶，但很快他们就发现，如果能满足孩子对故事的需要，就能创造出一种温暖的感觉，一种家庭和社区感。我希望这本书能够激发读者去体验自己心中埋藏的充满智慧和慈悲的创造力，我们每个人都有这种力量，尽管有时候它们看上去像是睡着了。

当一个成人完全处于此时此刻，从自己的内心和灵魂深处编织出整个故事，那么他会和孩子建立亲密的联系，与之相比，计算机故事、电视甚至印刷的书都只是冰冷的替代品。如果成人具有温暖的创造力，就能在周围孩子身上激发出同样的特质。

在各种电子发明所产生的一片精巧的不和谐音中，古老而又充满智慧的讲故事艺术正在人们有意识的努力中苏醒。很多父母和祖父母越来越感觉到需要把自己变成内心温暖、充分处于临在状态的故事讲述者。当他们把自己的第一个故事讲给儿女或孙辈，或加入村庄、小镇和城市里的故事小组，去练习讲述自己最喜欢的故事时，他们很快就感觉到，每个人都能讲好故事，而故事的主题也无穷无尽，有的带有个人色彩，有的更具普遍性。故事可以来源于过去、现在以及未来的文化，通过这些故事，我们从彼此身上看到自己，看到全世界是一个大家庭。作为故事的讲述者，我们可以与祖先交流，重新发现我们的精神源头。我们可以接收到自然世界的智慧，可以融入繁星点点的苍穹。通过想象——想象是进化的语言——我们还可以与未来对话。

父母和孩子都需要听到故事被大声地讲述出来。多年来我的一个最大的乐趣就是帮助各个家庭去学习讲故事的艺术。我最初发现这一行为中蕴含的创造性力量是在我当幼儿教师的时候，从那以后我遇到了许许多多来自不同背景和文化的人们，他们都希望能够更加自信地去讲故事。在本书中，你会遇到他们中的一些人。他们敢于尝试，从孩子小的时候甚至尚未出生的时候就开始讲故事。他们也有很多困惑，那是大多数人开始尝试一项不熟悉的活动时都会遇到的困惑，然而他们源源不断地获得丰厚的回报。我希望他们的创造力和勇气能带着你去更加自信地讲故事，为了孩子，为了自己，也为了你周围更多的人们。

南希·梅隆

第一章

编织故事的斗篷

万事万物皆有联系……

——西雅图酋长[1]

因为爱故事，上帝创造了人类。

——埃利·威塞尔[2]

[1] 西雅图酋长 (Chief Seattle, 1786~1866)：美国华盛顿州境内的印第安领袖，西雅图市的名称即来自于他。19 世纪 50 年代，华盛顿特区的白人领袖想购买美国西北部的印第安人领地，并为印第安人留下一块保留地。西雅图酋长在给白人的回信中说："大地并不属于人，人属于大地，万事万物皆有联系……也许，你我都是兄弟……也许有一天白人会发现，他们所信的上帝，与我们所信的神，是同一位神。"——译者注

[2] 埃利·威塞尔（Elie Wiesel，1928~)：德国作家和思想家，曾亲历奥斯维辛集中营生活。他以关于大屠杀的记忆为写作主题，因为通过写作"把个人的关注化为对一切暴力、仇恨和压迫的普遍谴责"而获得 1986 年的诺贝尔和平奖。——译者注

什么是讲故事

婴儿像讲故事的人一样，带着惊讶和好奇注视着这个世界。他们感觉到人们以古老的、彼此心照不宣的方式说话，感觉到自己被那些话语所包围。在“无时间”和“时间”之间，他们开始从声音和意义的巨大浪潮中抓取字词和图景。孩子们欣喜地发现，由话语、记忆和想象构成的这件震颤的“斗篷”包围着每一个人，于是他们坚持要我们帮他们也裹好这件“斗篷”。他们感觉到，只有在这件“斗篷”里，他们才能真正成长为一个人，成为他们自己。

通过为家人讲故事，你将有机会与字词和声调的质地建立一种更有意识、更敏感的关系。就像你努力做好一份营养丰富的饭菜一样，你可以讲出一个个语汇丰富、充满图景和精神内涵的故事。当你让语言的精神和活力通过你的声音流淌出来，它们一定会通过孩子回到你这里。刚开始学习说话的人是那么有勇气，他们通过勤奋的练习让自己的语言器官成形，有时冒着极大的风险去表达自己。他们的精神和沟通欲望可以给你最大的鼓舞——你可以像孩子一样去重新发现语言的奇妙。

给孩子读书和讲故事是不同的，那是两种完全不同的体验。父母把一个好故事读上好多遍之后，故事常常会脱口而出，那往往是他们第一次作为故事讲述者被解放出来。孩子们需要听到一个故事从父母口中直接讲述出来，感觉到这一点之后，父母就能逐渐摆脱书面文字的束缚，凭着记忆去讲故事。那是一种美妙的感受。

想象一位故事讲述者

无论你的家庭里有没有讲故事的习惯，你都有很多办法可以在这种口述传统中扎下根来。我通常建议父母们想象出一位讲故事的人，让他来帮助自己与孩子沟通。一位年轻娇弱的母亲有四个孩子，她想象出的讲故事的人是一位严厉的印第安女人："她站在那里，姿态坚定而挺拔，左手拿着一根雕刻着精美图案、世代相传的权杖，右手拿着一个螺号。每当有重要的故事要讲时，她就吹响螺号，把族人召唤到一起。"这位母亲把讲故事的印第安女人当做自己体内隐藏的一部分，赋予自己智慧和权威，帮助自己给孩子们讲故事。

另一位年轻的母亲发现，当她以同一段斯拉夫旋律和下面这段话作为每一个故事的开头时，她就能唤醒自己内心中古老而充满智慧的那一面。

在遥远的大海的那一边，有一片阳光灿烂的田野，田野里长满金色的干草。在田野的那一边，有一些红色屋顶的村庄。在村庄的那一边是巍巍的高山。在高山的那一边是一片黑森林。在黑森林里住着一个老妇人。她满头都是银白的头发，头上戴着一个花环，坐在一把古老的木头椅子上。下面就是她讲的故事……

这个方法在无数的情况下帮助过她。关于内心深处那个讲故事的老人，她说：“我信任她。当我疲惫的时候，或者对孩子不耐烦的时候，她会给我力量。她总是在林中空地里轻轻地哼着歌。我在脑海中勾画出她那满是皱纹的脸，她那一缕缕的银发，她的旧裙子。我看见她坐在那里，脚边是绿绿的草地，小鸟儿围绕在她的身边。就好像孩子们和我乘坐气球飞到了她那里。每当到达她的国度，我的心就会安静下来。我们飞过法国的田野，飞过我的比利时祖先们的红屋顶，最后到达东欧某个地方的林中空地。当我开始哼唱她的旋律，孩子们会深深吸一口气。就好像我们家族里祖祖辈辈的人都在和我们一起听故事。”

一位三岁和五岁孩子的父亲发现，只是讲书上的故事已经不能让孩子们满足了。在一个紧张疲惫的日子里，他想象出一位严厉的女教师，绘声绘色地编了一个故事，这是关于这位女教师的众多故事中的第一个。海棠果夫人总是用严厉的、鼻音浓重的声音读一些充满说教意味的故事。她坚持不论做什么事情都只有一种正确的方法。在长达好几个月的时间里，这位夫人一直是他那些即兴编造的故事中的主角，总是做一些傻透了的事情，好笑又发人深省。她成了家庭生活中如此真实的一部分，以至于有一天当父母和孩子相持不下，双方都坚持要按自己的方式去做事时，父亲大吼一声：“我们这样做和海棠果夫人有什么两样！”他把海棠果夫人请了出去，令人意想不到的是，所有人都感觉好多了。

上面所说的这个家庭后来又逐渐邀请了其他几位富有想象力的故事高手到他们家来。“孩子们有他们最喜欢的讲故事的人，有时候和我喜欢的并不一样。”妈妈说，“他们尤其喜欢一位脚穿圆点花纹袜子，住在白色帐篷里的女士给他们讲故事。对我来说，她也很容易想象，给了我很多充满活力的故事。”到了故事时间，孩子们常常说：“请把那位带着圆点花纹的女士叫来吧！”为了回应孩子们的热情，这位富有创造力的妈妈总是调动起自己的情绪说：“她已经来了！这就是她讲的故事。”有时候所讲的故事是孩子们以前听过并且很喜欢的，这位喜欢逗乐的住在帐篷里的故事夫人就会在故事里添上一些出人意料的小花絮。

这家人住在乡下，深受他们喜爱的另一位会讲故事的伙伴叫做格里克先生，他总是从城里给他们带来一些关于修东西的故事。每当孩子们想听听这位先生最近做了些什么，就会拨打一个想象中的电话：1-2-3-4-5。“他的个性特别鲜明，和家中的任何人都不一样。他叼着雪茄，说话时带浓重的口音。他在故事里总是会讲到他那个喜欢嚼口香糖的姐姐，还讲他如何去修漏水的水管和破旧的门。”妈妈解释说。爸爸和妈妈都会讲格里克先生的故事，他们常常发现自己和孩子一样，对这位先生的所作所为感到惊讶又好笑。

很多父母抱怨说：“我没法自己编出一个完整的故事！我不能信任我的想象力！如果面前没有一本书，我就没法讲出一个像样的故事！”但是完整和新鲜的食物可以令孩子们茁壮成长。讲故事所需的基本要素与孩子们身体的健康成长所需的基本要素是一样的。当我们为孩子们创造故事、讲故事时，我们会惊讶地发现我们也和孩子一样获得了呵护，变得更加生机勃勃。

想象一位非常有经验、来自另一个文化和时代的故事讲述者，她与人类最初的故事讲述者相联系，她的歌声和话语与宇宙相互呼应。这会是一种深刻的体验。为古老的、非常会讲故事的那一部分你找一块披肩或毛毯。把一两张床单搭在几把椅子或一张桌子上，或者钉在屋子一角的墙上，创造出一个讲故事的空间。和孩子们一起点燃一支小小的蜡烛或灯笼，享受这安静的、子宫一般的内部空间，伟大的故事会从中诞生。

创造安静

孩子们喜欢动个不停，但他们也渴望着宁静。随着数十亿计的房屋中产生出越来越高的分贝，每个人都需要更多的安静。喧闹的日常活动对于倾听的耳朵来说是一个持续不断的挑战：我们失去了树木以及大多数生物所具有的那种宁静感。为了使这种宁静降临在今天的生活中，我们需要的是真正的创造力。安静能够使孩子的所有能力合为一体。它容纳思考、情感和意志，它让期望尽情舒展，让头脑打开，使胃放松。对于故事来说，安静是最友善、最强有力的起点。创造安静与等着孩子们安静下来是不同的。它是一种主动的、向四周辐射的力量。在安静的氛围中，我们的心脏守住一种温和的节奏，我们的感官打开，我们皮肤的每一个毛孔都在放松。

创造安静意味着增强孩子们的耐心和主动注意力，而这是一切学习的基础。许多方式都可以让你拥有创造安静的力量。一位祖母用七色彩虹线为自己织了一条披肩，她希望把别人也带入她所体验到的那种宁静的光辉中。于是她把自己裹在柔软的披肩里，讲故事给孙儿孙女们听。一连好几个月，她一边讲故事一边编织彩虹颜色的披肩，用织好的披肩裹着自己最喜欢的故事书，送给家人和朋友当礼物。

一位中年的母亲有两个年幼的、非常好动的儿子，她每一天都感到筋疲力尽。通过给孩子们讲故事，她也体会到了安静所带来的礼物，对此心怀感激。在他们所住的忙碌的、雄心勃勃的美国郊区，有一天，她下决心买了一台老式手摇纺车。很快，她和丈夫又迈出了勇敢的一步：用篱笆围起一部分花园，买回来一只安静的绵羊。一连好几个星期，一家人共同学习照顾绵羊和羊宝宝，还学习梳羊毛。男孩们的妈妈开始学习纺线，纺车转动时发出的轻柔的呼呼声使周围笼罩在一种宁静而专注的气氛中，在睡觉之前更是如此。她的手指越来越灵巧，纺出的线越来越长。一天晚上，孩子们看着羊毛在她的手指间穿过，她像纺线一样给他们“纺”了一个关于两个活泼的牧羊小男孩的故事。令她惊喜的是，孩子们喜欢这个故事，热切地盼望着她讲下一集。第二天晚上，她又拾起同一根线，把故事继续下去。孩子们兴致勃勃地投入故事当中，非常满足，这帮助她——后来也帮助她丈夫——建立起自信，鼓舞他们更好地去讲故事。

我们呼吸时那安静的节奏立刻就能传递给孩子，也传递给我们所有人内心深处的那个小孩。当我们静下心来，准备给孩子讲故事，酝酿着开头的话语时，每一个完整的呼吸对于孩子来说都是天堂。他们自己的呼吸也因此而受到影响，变得更加协调。他们放松下来，从头到脚每一个细胞都专心致志地对我们开放。当一个人为了孩子而全身心投入时，孩子们会油然生起一种信心，相信这个故事会让他们感觉很好、很完整。孩子们需要成人带来一种安静、充满创造力的温暖而亲密的感觉。如果成人做不到这一点，他们的注意力会变弱，他们对关系会怀有一种饥饿的渴求。每一个孩子都深深期望着被父母的呼吸和话语所滋养，这种期望永远也不会消失。我们每个人的内心深处始终都在呼唤着一个专门为我们而讲述的温暖而充满呼吸的故事，一直到生命尽头。无论多少数量的书、电视、录音或电脑故事都无法充分满足我们对关系的深切需要。

一个下雨的夜晚，一位妈妈带着孩子去听一个很有名的故事家讲故事。屋子里的每个角落都挤满了人，孩子们吵吵嚷嚷，大人们神色匆忙。不同年龄、不同心情的孩子让故事家穷于应付，慌乱之中他忘了在开始之前让屋子里安静下来。在讲故事的过程当中，他用的技巧越多，所带来的冲突和混乱就越多。“我还不如待在家里，相信自己能和孩子们一起度过一个愉快的夜晚。”这位名叫卡翠娜的母亲说，“我忘了我多么喜欢给孩子们讲故事，忘了孩子们和我都是那么满足。”后来，她写了一本书，讲述她如何下决心在家中和两个儿子一起享受宁静而充满创造力的时光。

另一位开始学着给孩子讲故事的母亲发现自己在孩子睡觉之前总有这样或那样的事情需要做。虽然很不情愿，她还是同意了让孩子们看电视，尽管她知道他们脑海中会充满电视节目和广告中的画面。当她告诉讲故事小组的其他成员，孩子们入睡的时间变晚了，夜里会从不安的梦中多次惊醒，大家都对她表示同情。她下决心不管其他事情多么重要，都不再去侵占神圣的故事时间，因为她知道故事对孩子有好处。

我当幼儿园老师的时候，每天都会给孩子们讲故事，讲故事之前，我总是静静地坐在一把摇椅上，花一点时间倾听自己的呼吸。很快孩子们也加入倾听。我呼吸的节奏和椅子静静的摇动比我说的话更能帮助孩子们集中注意力。对我来说，这是一个伟大的发现。不管多么躁动不安的孩子都会平静下来。我们的呼吸和脉搏都变得更加深沉。和那位织披肩的祖母、那位纺羊毛的母亲一样，我们创造出一种平衡、宁静的氛围，这时我的自我怀疑和焦虑都会消失。那种温暖的交流带给我灵感，故事话语以令人惊讶的方式流淌出来。

我曾经参观过一所忙碌而欢乐的幼儿园。在房间的一头，摆着一张大大的、柔软的、诱人的椅子。椅罩下露出一双老式靴子的尖尖的头，靴子上系着金色的鞋带。椅背上搭着一条大大的披肩。椅垫周围塞着许多小娃娃、彩布、彩色小石头和一个手工织成的球。

如果某个孩子需要安静、受了伤或需要格外照料但老师暂时抽不出身，他就会听见轻轻的一句：“去妈妈怀里坐一会儿！”孩子们很愿意这样做，他们蜷起身体，靠在深深的椅子里，从中获得安慰，也获得一段安静独处的时间。按照每天固定的日程，当故事时间来临，老师会坐上那把安静的、带有原型意味的椅子，这已经成了一种仪式。在讲故事之前，老师会花一点时间让自己在“妈妈的怀里”坐得更舒服些。塞在椅子里的那些小娃娃、彩布、石头以及其他物件有时候会进入故事当中。在孩子们的想象中，一位充满智慧、给人安慰、非常会讲故事的“故事妈妈”的形象日渐生动，与此同时，他们逐渐学会了在听故事的过程中从她的座位上汲取一种给人安慰和力量的宁静气息。

在家庭生活中，有许多机会可以带来更多的安静。有的父母发现在孩子房间里或房间附近挂一个老式的钟很有用。我小的时候，楼梯间里立着一个大钟，那持续不断的“嘀嗒”声似乎在和我说话，虽然我不明白它在说什么。我和弟弟喜欢听钟摆来回摆动的声音以及每隔半小时一次的“当当”的报时声。仔细聆听各种不同的声音——无论是夜晚的微风、小猫的脚步声、你自己以及孩子的呼吸声、各种动作发出的窸窣声，还是体内血液循环发出的轻微而有节奏的脉搏声——可以为故事时间的倾听做好准备。

一位非常健谈的年轻父亲——他很少有找不到话说的时候——在创造一个关于印第安人的故事时却发现了沉默的力量。最初，安静的呼吸和倾听总是带给他奇怪的不安，但最近他与我分享了一个故事，那是他在夏夜的篝火旁编出来的。故事的主角是一位印第安老妇人，她既不聋也不哑，但她选择保持沉默。就好像声音穿过她，去了一个充满美丽与期待的地方。有时，当她来到夜晚的营地里，甚至篝火也不再发出声音。当她去不同的营地里拜访时，笼罩在她四周的沉默使人们心中充满了奇妙的问题。如果婴儿在她拜访之后醒来，他们会记得梦里那些美丽的歌谣。关于这些印第安村庄，父亲编了许许多多不同的故事，孩子们经常会问：“那个沉默的老妇人要来了吗？”他们和父亲一样喜欢她神奇的力量。

出于同样的愿望，一家人决定去湖边度假，寻找寂静之声。最初，他们只能保持几分钟的安静和倾听，但他们相互鼓励对方去倾听话语之间的空隙。最后，他们几乎能够整整一天都生活在安静的觉知中，倾听着自然世界中令人惊异的美妙音乐。随着安静的增多，这家人变得更加平和，身体动作也更加流畅。三天的试验结束时，其中一个孩子希望整个假期都能继续这样做。

当你花时间去倾听日常生活中那丰富多样、充满呼吸的寂静之声时，你和孩子会获得什么样的回报呢？你会发现万事万物都在呼吸。为了在你创造的故事中培养一种内在的安静，你可以描述树叶的歌唱、阳光照到巨石背面时它幸福的叹息、玫瑰释放出的甜美香味。或者你可以讲一个乡下男孩如何去倾听各种事物的呼吸，包括啄木鸟、乌鸦、蜜蜂等等。

故事唤醒倾听

安静的力量能够唤醒沉睡的倾听能力和理解力。一位母亲特意做了一个布娃娃来帮助自己给孩子们讲故事。当年幼的女儿们从午睡中醒来，她会温柔地唤醒怀中的布娃娃，问她：“咪咪想不想听个故事？”布娃娃会和孩子们一样使劲点头，有时还会打断妈妈的故事，或者藏在妈妈的衣褶里，捂住自己的耳朵。布娃娃可以帮助孩子们同时也帮助妈妈体验各种不同的倾听意愿，例如当布娃娃要求妈妈再讲一个故事时，孩子们会说：“我希望她知道，她不能一直听故事！”咪咪尤其喜欢对着妈妈的耳朵，害羞地低声问一个问题。“你们猜咪咪想知道什么？”妈妈会问女儿们。渐渐地，孩子们越来越善于说出布娃娃的心声了。在故事结尾，妈妈创立了一套仪式：咪咪满意地叹一口气，感谢故事，感谢讲故事的人，也感谢孩子们和她一起听故事。如果是晚上睡觉之前，讲完故事、念过祈祷词之后，和孩子们一起听故事的咪咪会打一个大大的哈欠，爬进孩子们床边的摇篮里，很快进入梦乡。

不同的孩子，不同的故事

无论是孩子还是成人，每一个人的倾听能力都可以被唤醒并充分发展。潜入我们内心的那个古老的故事讲述者，总是会根据不同的心情、语言和文化来调整讲述内容。由于孩子们倾听内心和周围生活的方式是如此不同，因此在讲故事之前我喜欢看一看他们的耳朵。每一对耳朵都是那么独特，就像是宇宙的海洋中形成的古老贝壳。它们各自的形状和颜色邀请着不同音调的话语。在多年的讲故事经验中，我发现那些长着一对红彤彤小耳朵的听众特别需要故事中充满活跃的动作。他们满心好奇，迫切想知道接下来发生了什么，因此听不进去节奏缓慢的故事。相反，那些有着精巧曲线和优雅外形的耳朵喜欢听轻快的话语。他们也许没有听进去每一个词，只是漫不经心地接收故事情节，享受着小小的细节。胖乎乎的耳朵渴望着所有饱满圆润的东西，似乎在细细咀嚼故事中梦幻一般的场景。他们喜欢重复，喜欢那些缓慢徘徊的词语。冰凉、敏感的忧郁小耳朵有一种独特的向内蜷缩的倾向，他们沉思着，倾听着故事里的忧伤和苦难，对悲哀的语调和主题最容易产生呼应。

为了满足各自不同的倾听意愿和能量，不同的孩子自然而然地要求成人为他们讲不同的故事。由于气质和个性的差异，有的孩子喜欢讲或者听富有想象力的故事，有的则被那些现实而实际的故事所吸引，还有一些孩子喜欢特别能够激起情感，描述情感现实的故事。我最近遇到一位敏感的祖母，她喜欢读童话故事，也喜欢讲这一类故事，然而她孙子对故事的喜好让她大惑不解。她自己的孩子小时候听过各种童话故事并且十分满足，但他的孙子在七岁的时候就说关于公主和雪地里的草莓的故事太傻了。他想听那些直截了当的、关于动物和人如何把工作做好的故事。他讨厌具有拟人特征的兔子，如果一只驴子会说话，他会十分恼火。现在十几岁的他是一个非常实际的修理工，会花上好几个小时的时间快乐地摆弄汽车。

我小时候喜欢读故事，也喜欢给弟弟读故事。在我八岁时，有一天，一位比我稍大一点的非裔美国女孩到我们这里来玩。我们一帮孩子满怀敬畏地围在她身边，她两手叉腰，一边唱歌一边讲了一个富有狂野想象力的故事。经过这次奇妙的经历，我想我也要试着进入那个神奇的国度，大声唱歌、讲故事。不久以后的一个晚上，我和六岁的弟弟躺下来准备睡觉，我问他想不想听个故事。我心想他也许会喜欢一个非常有想象力的故事，但他却想听一个关于小红卡车的故事。尽管我不喜欢玩卡车，但我很喜欢弟弟，于是我运用想象力，描述了一辆很棒的卡车。弟弟希望这辆卡车去拜访每一个真实的地点。他希望听到一个能帮助他成长的故事。今天他是一位很有成就的建筑师，需要很多卡车去帮助他完成工作。

一位五岁的小女孩——显然她有与众不同的人生目标——坚持要和一组学习童话故事的成人一起留在被烛光照亮的屋子里。我们每个人轮流根据一些深受喜爱的情节——《睡美人》《白雪公主》《铁约翰》等——讲述自创的故事。她上床睡觉的时间已经过了，她妈妈把她抱在怀里，和我们一起留在烛光摇曳的屋子里，相信她很快就会睡着。在其中一次夜晚聚会中，这个孩子忽然从妈妈怀里坐起来，宣布说她也要讲一个故事。她一直在放松而又专注地观察我们如何让故事从我们身上自由流淌出来，那个晚上，她那丰富的语言和极富原型力量的情节抓住了我们每个人的心。故事讲完之后，她幸福地叹了一口气，紧紧贴在妈妈怀里，沉入了梦乡。我们惊讶地坐在那里，一时说不出话来，惊叹这小人儿如此深沉地加入到了我们的倾听中。她向我们展示了如何讲一个故事而不被恐惧、自我怀疑和争强好胜之心分散注意力。故事本身带给她，也带给我们所有人崇高的满足感。幸运的是，由于这个小组接触了许多了不起的童话，变得越来越谦虚，因此当她讲完故事——她的故事像镜子一样照出了大家的状态——没有人用“你多聪明，多会讲故事”或“你比我讲得还要好”之类的赞美去给她增添负担。

儿童甚至小婴儿对积极的故事气氛做出回应是很自然的。我经常看见野鸟、家里的宠物、松鼠和海豹尽可能靠近一个美好的故事，像孩子一样完全开放地倾听自己讲故事是一件快乐的事情。每一位成人心中那个倾听的孩子都需要受到语言、图景和身体动作的滋养，获得充分滋养的孩子长大以后会是一个更加完整的人。专注地倾听是许多伟大童话故事的基本主题。《格林童话》中的《蜜蜂王后》是一个古老而庄严的故事，它告诉我们，如果没有深刻而充满敬意的倾听，男人和女人之间不可能产生高贵的爱情。故事的主人公能够解除城堡的魔法，唤醒真爱，是因为他留心倾听了蜜蜂、蚂蚁和鸭子的声音。《驴子》[1]描述了一个孩子决心克服一切困难去唱歌和演奏乐器，最后他通过自己的音乐实现了真正的爱。这类故事中的想象力滋养了我们的倾听精神，引领我们去更完整地成为我们

[1]《格林童话》中的一篇。——译者注

自己，实现我们的潜能。

你小时候是不是很幸运，经常听大人读故事？凭记忆讲述的哪一本书、哪一个故事给儿时的你留下了强烈的正面或负面印象？每个人会以一种高度个性化的方式去倾听，而这取决于他的个性和气质。你的个性气质与你的孩子的气质个性有哪些不同之处，又有哪些相同之处？现在和未来你的孩子可能会与哪些类型的故事产生共鸣？

如果孩子们能够平静地听取故事中的所有内容，那说明这个故事到达了他们内心生活的深处。有没有一个故事曾经在你小的时候深深打动过你？把那个故事讲给你的儿女或孙辈们听吧！当你的孩子讲故事的时候，你的倾听可以帮助他们找到适当的词语去匹配他们的想象力。为了避免他们因听到过多的恭维和赞美而产生不必要的自我意识，一种得体的做法就是去关注故事本身，包括故事的用词、图景、人物等，还可以表示你是多么渴望知道接下来发生了什么。

故事的节奏

节奏对于童年是必需的。有规律的进食可以创造出一种宁静的气氛，帮助孩子接收营养、消化并培养稳定的食欲。有规律的故事时间可以创造出充满爱的成长氛围。有规律的入睡和起床时间有助于身体健康成长。身体、情感和智力都在以同样复杂的方式成长发育。一旦身体发育成熟之后，我们很容易忘记建造一所平衡的“住所”是一个多么漫长而复杂的过程。

每个人都可以从有节奏的日常生活中受益。成人几乎像小孩子一样，需要一个温暖、有节奏的环境去分享一天中的活动，分享心灵的发现，尤其是在我们今天的世界里。不管是谁，不管长到多大，都依然需要口头语言的丰富滋养。对这种滋养的追求可能会导致一生都在挣扎着表达自己，一生都在寻求情感安全。如果童年时期的主要监护人没有给予我们这方面的满足，我们可能会花一生的时间，充满困惑地寻找我们所需要的精神食粮。

不过，即使没有人为小时候的你创造稳定、温暖而安全的讲故事环境，你依然可以为自己的孩子创造这样一个环境。一个三岁的小女孩一刻不停地要求妈妈给她讲故事，不论是开车的时候、吃饭的时候，甚至上厕所的时候，所有书上的故事都讲完了，妈妈也筋疲力尽。这位妈妈加入了一个讲故事小组，后来她意识到，她自己在生活中的很多方面也极端缺乏规律，整天吃个不停，很少能够安静地坐下来。她觉得孩子的牙牙学语更有魅力、更重要，比自己的语言更值得关注，因此当她和成人对话时，她的语言越来越难以令人满意。她向小组里共同学习给孩子讲故事艺术的其他父母抱怨这一切。她惊讶地意识到，自己是在无意识地模仿孩子那混乱无序的能量和语言，于是她决心带着成人的自尊去讲每一句话——为了自己，也为了孩子。她开始有意识地调整自己的语言，把每个故事讲得更好，而且一遍遍地重复。她很快就发现，当她把书放到一边，把字词托付给记忆，不论是对于自己还是对于女儿，故事都变得更有抚慰作用，更加令人享受。看见妈妈整个脸都在自己面前，这使女儿变得更加平静。她们学习了一些短小的童谣和有节奏的故事，每天吃饭和睡觉之前重复讲述。很快她们把其中一些童谣和故事变成了歌曲和幽默的游戏，或是画成一幅幅可爱的画，乐此不疲，从不厌倦。孩子的语言变得更加连贯，不再混乱无序。她和女儿可以带着欢乐和喜悦彼此看着对方的眼睛，手拉着手，彼此的声音也融会在一起。

有一个人非常困惑。他是一个非常成功的企业家，年纪很大才生下一个女儿。他最近告诉我他去咨询了医生，因为三岁的女儿不管听到什么都要求一遍又一遍地重复。得知这是幼儿的一种正常现象后，他感到难以置信，同时也松了一口气。

人们本能地知道，某些节奏模式可以支持儿童的成长，然而现代人的这种本能正在丧失，很多成人越来越依赖电子产品的帮助——视频、录音机、电脑故事——它们可以永无止境地重复下去。然而，如果电视节目是孩子主要的节奏来源，不管节目多么优秀，都无法满足孩子很多最基本的需求。

当孩子发现你是一个非常可靠、全身心投入的故事讲述者，那紧张的、对故事永不满足的需求就会渐渐平息。整整一天陪伴着孩子有时会让我们紧张又疲惫，然而在讲故事的时候，我们可以找到一些节奏模式，从中获得令人安慰的舒缓而协调的感觉。通过和故事中有序的结构和内容的连结，各个年龄的孩子都会建立起内在的生命。最年幼的孩子喜欢无论字词发音还是结构都浸透着韵律的故事。这些可靠的、充满节奏的故事可以帮助他们为健康、自律的成人生活打下基础。

自古以来，一直到近代，很多伟大的故事都是以押韵的诗句的形式吟唱出来的。今天有许多故事集可以帮助我们和孩子学习拍手、唱歌以及文字游戏的快乐。有节奏的短语和小小的歌谣形式的故事像神圣的圣歌一样，可以激发、加强和打开人的心灵。在我接触到东西方的吟唱传统之前，我就经常和一群四至六岁的孩子一起念童谣或唱童谣，我们的喜悦和快乐随着每一次重复而增加。当我们的语速和动作渐渐慢下来，我们的注意力在加深，声音也变得更加浑厚。当我们逐渐加快速度时，字词急速而出，声音越来越嘹亮，随着最后一个声音和音节的吐露，它们像焰火一样开放洒落在周围的空气中。在这种简单而庄严的气氛中，孩子的很多问题和我的很多问题都消失了。与孩子分享歌谣形式的故事是那么快乐，这种快乐提醒我们，很多伟大的文化都曾通过集体吟唱的方式来发展它的精神，保存它的语言和众多的传统故事。

像有韵律的诗句一样，押韵的字词也能满足我们对于节奏和秩序的需要，满足我们的耳朵对于期待和实现期待的需要。在一首童谣或一个故事里，那些发音如此相似的词铿然有声地回响、应和着，这有助于倾听和语言的发展。很多古老的童谣都是一个小故事。《到伦敦去》[1] 仿佛带着妈妈或爸爸膝上的孩子去经历一段奇妙的历险。《一只小猪去市场》[2] 让我们发现，故事中的角色就像脚趾头一样在相同的情节中彼此联系。一个讲述精彩、有节奏的故事可以激发出

---

[1] 英语童谣，原标题是“*Going to London*”。——译者注

[2] 英语童谣，原标题是“*This Little Piggy Goes to Market*”。——译者注

孩子的生命力，押韵的字词和节奏可以使身体建构这个巨大而又日积月累的过程进行得更加顺利。反复出现的押韵的音节摇动着孩子的循环系统，增强它的生命力，还可以促进骨骼、肌肉和连接组织的生长。字词在起伏和律动中重复，带来一种在秩序中前进的感觉，一种被包围在完整而富有滋养力的环境中的安全感。

寻找固定的时间

很多家庭发现，在睡前或其他特别时刻安排一个固定的故事时间是一大乐事。哪怕孩子们已经学会独立阅读，这座分享的小岛也能使整个家庭的心跳更为强健有力。一位父亲想在周日上午建立起固定的讲故事时间，他抱怨说，三个孩子——年龄从三岁到七岁——不情愿听从他的召唤，或者不能安静地坐在那里听他讲故事。然而当他自己开始确信这一时间对于所有人都十分重要之后，他的声音以及他整个的人都有了一种新的权威。孩子们开始盼望着听他讲故事，听他的声音里所流露出来的力量，这令他十分感动。

再讲一遍……再讲一遍！

所有孩子都需要一遍遍重复地去听故事，因此给孩子讲故事可以培养出圣徒一般的耐心。有时要过好几周、甚至好几个月，神秘的时刻才会来临——孩子们终于感到满足，愿意去听下一个故事了。曾经有一位妈妈告诉我，她根本没想到给孩子讲故事可以让她变得那么有韧性。第一次给儿子讲《三只山羊嘎啦嘎啦》的故事是在他四岁的时候。有时候他每天都要求听那个故事，然后可能会有一段时间不去听它。这个故事成了他们之间的一个仪式。这位聪慧的母亲说，最后她屈服了，决定尽情满足儿子的需要，她相信这个故事是在为他成年以后的生活做准备。十二年以后，在无数次重复之后，十六岁的儿子依然还没有完全失去那种需要，还愿意听母亲把山羊安全地带过怪物的桥。

一位忙碌的年轻母亲对自己的母亲充满了谦卑的感激，因为她总是那么耐心地给自己四岁的女儿讲故事。这位外婆说："我一次又一次到达故事的真实，这些故事可以重复五千次，就像一个挂满苹果的果园。"她声音里的智慧和权威喂养着小孙女。每一个孩子的心灵都需要建立起力量、稳定感和安全感。对于孩子来说，父母讲述的故事和乳汁一样是必需品。你的存在，你的声音，你语气中的确定感可以帮助孩子找到他自己的存在、声音和确定感。当我们重复每一首歌谣，每一个故事，关注到其中的每一个词，孩子会因此而燃起对语言的爱。

就像按时吃饭可以使孩子更好地消化和吸收食物，将故事融入日常节奏也可以起到同样的作用。如果你安排好故事时间，在晚上或者节日、生日等特别的日子里给孩子们讲故事，他们对固定的故事时间会怀有期待，而这可以帮助他们建立安全感和自信。你既是在为他们的现在，也是在为他们的未来讲故事。

动物、植物和人共同分享着节奏。我们的脉搏按照稳定的节奏跳动着。一些诗歌和故事具有音乐般的节奏感，是儿童成长的天然食物。

Birds in the air-

Stones on the land-

Fishes in the water-

I'm in God's hand...[1]

或者

One misty, moisty morning

When cloudy was the weather

I chanced to meet an old man

Clothed all in leather.[2]

很多地方的民谣中都贯穿着一些基本的节奏。当孩子从外界听到他们体内正在微妙感受到的东西时，他们会感觉到安全和快乐。许多童话故事都在表达一种三四拍节奏。从这一类具有良好平衡感的故事中会产生喜悦而健康的呼吸。在《金发姑娘和三只小熊》中，三个角色遇到了第四个角色。在《三只山羊嘎啦嘎啦》中，怪物是第四元素。《三只小猪》中那个在炉火中烧得滋滋作响的大坏蛋构成了第四拍，激发出故事中新一轮的情节。当孩子们一次次要求听

[1] 鸟儿在空中，石头在地上，鱼儿在水中，我在上帝的手心里……——译者注

[2] 一个湿漉漉的清晨，四下里雾霭茫茫，我遇见一个老头，穿着一身皮衣裳。——译者注

这一类的故事和节奏时，他们是在体验自己脉搏中那生机勃勃的音乐。他们啜饮着我们尽力组织协调好的字词和节奏，同时尽可能地模仿着我们。当我们耐心而准确地重述同一个故事时，孩子们感受到我们是如此值得信任的成人。在著名俄罗斯童话《美女菲西丽莎》[1] 中，当菲西丽莎和她的妈妈通过一个神奇的布娃娃交流时，一些特定的句子重复了很多遍。

年幼的孩子尤其需要完整的故事，讲故事的时候，其他任何事情都可以等待。专心致志的故事时间可以帮助他们在生活的方方面面建立起完整感。谁会把一个破损的球或缺了一块的拼图给孩子呢？圆圈包含各种方向，给人一种闭合和安全的感觉，你可以和孩子一起想象：你们吹出了一个大泡泡，然后坐在这个圆圆的泡泡里。

纺织声音的金线

语言源自哪里？当我们把语速放到足够慢，宁静地专注于我们发出的每一个音，专注于围绕着每一个字词的空间和呼吸，我们就能找到在喧闹的日常生活中被大多数人忘却了的语言的源头。父母的声音对于孩子来说犹如天堂，尤其在故事时间。仔细倾听你自己的声音可以帮助孩子去倾听他们自己以及别人的声音——你的倾听建立了他们的倾听。渐渐地，他们会意识到语言对他们自己以及别人的影响。最近，我听到一位忙碌的母亲如何有意识地用声音来表

[1] 英文标题是“*Vasilisa the Beautiful*”。——译者注

达自己的爱的故事。令我高兴的是，即使在她对孩子生气的时候，她也学会了如何让自己所说的话带有暖意，就像充满保护的拥抱。随着我们对自己所说的话的质量和数量越来越负责，孩子们也会对我们回馈以正向和充满关爱的态度。

仅仅倾听自己的声音就是一种有趣的体验。话语是呼吸、思想和情感的结合，来自于骨骼、肌肉和循环系统复杂而微妙的协调。传达出快乐和暖意的声调可以让人产生自信，批评的语调会让气氛变得阴沉。渐渐地，我们会觉察到我们用自己的声音创造出来的气候。孩子们受到成人说话方式的影响，包括我们脱口而出的那些不起眼的字词以及我们语调中的情感。这些在他们心里扎下深深的根。从他们那里，我们的语言又会返回我们自己，不论是好的还是坏的。孩子们非常敏感，我们对他们说话的方式有可能会影响他们的一生。我们语言中的情感氛围可以使他们畏缩，也可以给他们带来祝福。只需要一点点努力，我们就可以有意识地避免自我批评、焦虑、心烦意乱和野心。我们要始终注意说出真诚、高兴、充满爱和善意的语言。不论是作为父母还是老师，我们要有意识地让自己的全部身心都充满温暖的感觉，要试图从精神的层面去看问题，这样我们的话语中就可以流露出爱和尊重。

讲故事使我们有机会去体会语言的音韵之美。人们经常问我："我是否需要用一种与平时说话不同的腔调去给孩子讲故事？"我回答说："可以让孩子来引导我们。"小婴儿的身体总会使我们不由自主地要用温柔的旋律去拥抱他们。柔和的、充满旋律感的语言缓慢地变化着，当孩子的小身体越来越重、越来越结实的时候，我们逐渐开始使用更有硬度、介于音乐和说话之间的字词和语法。当然，声音中的精神内涵对于孩子来说才是最重要的。如果有一颗快乐、善良而真诚的心，即使声音沙哑浑浊，也能感染和滋养孩子。我曾亲眼目睹参加讲故事小组的父母们一个接一个用斯洛文尼亚语、日语、德语、尼日利亚伊博语、英语等各种不同的语言唱出故事歌谣，温柔婉转的歌声令年幼的孩子们如痴如醉。

在故事时间，当我们不受逻辑含义的约束，以嬉戏的方式重新发现自己的声音，久已忘却的一些语言模式会因此而重现，而我们也许会因为自己的苏醒而感动落泪。有时候，来自奇异国度和遥远年代的词和短语可以给予我们滋养。你的嘴巴尝试着各种形状，试图发出你要说给孩子们听的那些声音，在这样的过程中，你可以学会新的单词，感觉它们在你身体的不同部位——骨骼、腹部和血液里发出共振。当你用整个身体说话时，甚至连双脚也参与进来。来自嘴巴或喉咙的那些音，有的急速冲出，有的打着旋涡，它们拉伸着你的舌头，使它变成各种奇妙的形状。

孩子们需要听到发音清晰的字词，伴随着每一个音的开始、继续和完成，口腔里有一种美味的感觉，空气里则弥漫着新鲜的气息——就像一个桃子。孩子们渴望去热爱并全心全意地享用语言的盛宴。我们太容易去纠正、忽视或模仿孩子的语言尝试了。但如果一个故事里包含着孩子想说的字词，就可以在不知不觉中给他们一个机会，让他们从你的讲述中去学习。当孩子们用错了某个词或发错了它的音，与其立刻纠正他们，不如把他们想要说的那个词包含在你所讲的故事里。

声音是一件乐器

一位声音细弱且带有鼻音的母亲抱怨说她很难把孩子们叫到一起来听她讲故事，不管她说什么，都无法吸引他们的兴趣。她担心永远也改变不了自己的声音。共同学习讲故事艺术的这群父母为她编了一个荒诞可爱的故事。故事的开头是这样的：从前有一朵花，它想学会吼叫……这个故事深深触动了她的想象力，帮助她发出了更加浑厚有力的声音。她惊讶地发现，当她允许自己去深呼吸，去与字词和句子游戏，她的孩子们也开始与自己的声音游戏。很快，他们玩得越来越自由，孩子们开始围绕在她身边，渴望着听她讲故事，这令她非常惊喜并大大松了一口气。

另一位说两种语言的母亲发现，她讲故事的时候可以自如地在两种语言间来回转换，而这对孩子们的学习非常有利。她编了几个结合两种语言的故事并勤加练习，很快她发现她可以用任何一种语言讲每一集故事，孩子们快乐地体会着声音和字词的微妙变化。

当孩子们渐渐长大，开始喜欢扮演角色、改变自己的声音时，他们也非常喜欢我们这样做。但他们也在倾听着我们清晰、可靠的日常的声音。在他们尝试新的表达方式并逐渐成熟的过程中，你那独特的、充满爱意的声音是一种最主要的推动因素，激励着他们去学会整合自己，去对抗他们一定会在周围环境中听到的不和谐的噪音。你用清晰、温暖而又真诚的语言讲述的故事可以帮助他们自己去发展这些特质。你也可以调整一下说话时音量的大小。你的声音是一件微妙的乐器，调好了它的音，就可以协调孩子与内外部现实之间的关系。很高的声音未必一定就更有力或更有效。温柔的低语有时可以传遍一个大大的房间，吸引人群的注意力。

诗歌和故事中那些具有清晰形象的字词和句子可以打开和丰富我们的所有感官。它们帮助我们倾听禾苗的生长、风的低吟、树木的情感。语言是一道桥梁，通往事物和人，通往感觉和情绪的真实，通往所有内心生活，它可以唤醒孩子的精神生命。你和你的孩子正和全体人类一起走上一条无尽的发现之旅，去寻找现实与字词的结构以及声音之间的关系。

描述语言之威力的故事能够使我们对人的声音更加尊重。这类故事包括《格林童话》中的《甜粥》、英国民间传说《汤滴豆》[1]、俄罗斯童话故事《美女菲西丽莎》等。

我们可以用多少种方式去说“这里曾经有一道宁静的河流”呢？当你重复这句话的时候，试着改变你的思想，看看这会如何影响你的声音、身体和情感。例如你可以带着怀疑的、科学的、政治的或诗意的态度去说这句话。你也可以站着、坐着或以不同的姿势躺着去说一句话，看看你的身体会如何影响声音的质地。

讲完故事之后

在一个美妙的故事之后，一阵噼里啪啦的掌声会显得刺耳，而且过于匆忙地打破了故事的魔力。一般来说，我喜欢通过安静的动

[1] 原标题是“*Tom Tit Tot*”。——译者注

作来表达自己真挚的情感。有时候我会满足地长叹一口气，带着快乐和感谢，双手交叠放在胸口，向孩子们展示如何张开双臂拥抱整个故事。

在付出特别的努力去准备和讲述一个故事之后，通常我们会有快乐和忧愁交织的感觉。一位初学讲故事的人说：“特别是在讲完一个重要的故事之后，我需要安静一会儿。我的心里很温暖。我通过故事和孩子们连接到了一起。我觉得我们可以在这种打开心灵的状态中停留片刻，然后再回到日常的现实生活中……”一位祖母描述说，在讲完一个故事之后，她会让自己去体会那种轻微的疲惫感。“故事之后的时间是新的呼吸开始之前的停顿，就像新的一天开始之前的宁静，它能带来神圣和完整的感觉。我像睡觉的孩子一样把自己蜷缩成茧的模样，或者我会去读一本真正的好书，有时候我也会去做一些需要付出体力的家务，让我自己完全回到我的身体里。”

为了重视这些心灵的微妙时刻，可以准备一支足够在讲故事时间用上一整年的大蜡烛。故事讲完之后，为了慢慢走出那种奇妙的氛围，你可以小心地吹灭烛火，或者用灭烛器隆重地扣在蜡烛上，看着烛烟袅袅升起。然后仔细地摘下故事披肩或帽子，站起来，愉快而从容地去做另一件事情——洗碗或者擦鞋。你是孩子的榜样，可以教给他们如何带着清醒的意图，转换于不同的意识状态之间。从你那里孩子们学会如何以一种智慧而优雅的方式，在不同的世界间搭起桥梁。

故事常常来自于故事讲述者之外的某个地方。一位演偶戏的朋友说：“一个好的故事就像一道金色的光，穿过我意识背面那一角小小的天空照射过来。它并没有停止在孩子们那里。我感觉分享故事这一过程把巨大的喜悦带给了它的'源头'，就像带给我自己以及孩子们。一颗草莓抓住了它，一只鸟又吃掉了那颗草莓。"

当孩子们就故事提出问题时，他们不一定是在寻求解释或阐释。你可以不直接给出答案，而是将整个故事或故事的一部分简单重复一遍。你可以以尊重的态度让他们自己去寻找问题的答案。逻辑解释是一种思考能力，要等孩子们更大一些才能充分发展。成人对故事含义的思考可能会损坏字词和图景中更原始的养分。一个保持完整的故事拥有属于它自己的健康的生命力，会在或短或长的一段时间里出现在睡梦和游戏里，或成为家庭生活的一部分。然而，即使是非常简单无害的故事，不管是讲出来还是读出来，都可能会对孩子或父母造成困扰。"我很抱歉这吓到你了"或者"告诉我你不喜欢这个故事里的哪些内容"会使不适感更为强烈。如果你讲述或读了一个让孩子或让你自己不安的故事，为了抹去这种感觉，你可以果断地说一句："等你长大一些，这个故事就适合你听了。"或者："看来这个故事真的不适合我！"孩子们通常会很高兴地认同你的意见。我妈妈如果不赞成一个故事，就会果断地一挥手说："呸！这算什么故事！"

一位父亲最近告诉我，尽管他通常都会在了解故事情节之后再读给七岁的儿子听，但有一次他读完一个插图精美的故事之后才震惊地发现，每一个角色，不论是好的还是坏的，下场都非常可怕。"我觉得很无助。"他说。故事小组的一位成员建议他可以这样说："我们把故事送给上帝，让上帝把它改得好一点吧！"

然而一个并不轻松的故事也许正是孩子想要的。成长有可能是不舒服的。成人对故事的不喜欢有时会束缚孩子的自由。如果怀疑一个故事是否对孩子有好处，你可以说："这是一个非常古老的童话故事，来自于很早以前，多少年来许许多多的孩子都听过这个故事，现在还有很多孩子在听。"这样孩子会觉得他和其他孩子是在一起的，哪怕故事非常可怕，他也会感到安全，同时你也没有剥夺他自由想象的权利。

你自身的开放态度也可以推动一个不轻松的故事进入孩子内心生活中相应的方面。讲这样一个故事时，如果你心中始终怀有慈悲，你的存在可以帮助孩子更好地吸收故事的深层含义，以后也可以推动他们去进行更广泛、更贴近心灵的阅读。

第二章

故事宝盒——记忆和想象

爱每一道光，爱动物，爱植物，爱每一片树叶，爱每一样事物。

——陀思妥耶夫斯基

最幸福的是那些能够在生命的结束和开始之间找到尚未断裂的联系的人。

——歌德

记忆

将一天的经历编成故事

“再说一遍今天发生的事情吧！”一个四岁的孩子高兴地尖声央求。他振作精神，仔细倾听父母注意到了他今天的哪些经历和情感，把它们记住并讲述出来：早晨醒来、断了的鞋带、小狗狗饿了等等。孩子们有一种自然的欲望，希望和一位充满爱心而又专注的成人一起回顾一天中的种种细节，这可以帮助他们睡个好觉。听完我们描述他们所做的事情、他们的情感和发现，他们可以把自己的经历编织成一个充满理解和美梦的巢。

通过讲故事，你可以帮助孩子圆满结束这一天，帮助他们理解一天作为一个整体的意义。每一天都像故事一样结构分明，有开头、中间和结尾。从你那里，孩子学会了如何热爱现实世界，如何把它组织成语言。当你带着爱意，把他们的经历变成语言讲给他们听，他们逐渐会培养出个人的时间和记忆感，同时学会像观察自己的情感一样去观察别人的情感。“你吃早饭以前对着小鸟唱歌。”“爷爷笑得肚子都颤动了。”“我们今天听见邮差吹口哨了。”当孩子听见你像描述他的生活一样，带着爱、喜悦和尊重去描述别人生活中的事情，他们逐渐会以一种友善的态度去对待生活中的所有事物。一位母亲最近告诉我，从女儿还是婴儿的时候起，她就在女儿床边放了一个大大的、漂亮的贝壳，睡觉之前她常常会点燃蜡烛，然后把贝壳贴近耳边，听一听今天发生了什么。

甚至在孩子一岁之前，当你讲述他们这一天学习走路和说话的过程中所遭遇的事物，所做的事情，他们就已经能够对你的故事做出回应。分享、接受、给予、欲望和满足——他们周围的所有物体、他们所有的心情和活动都在寻求着语言的表达。当你那充满爱意的声音与他们的经历相交融，你的字词会在他们的内心和周围嬉戏，激发他们对语言的喜爱，这种喜爱会陪伴他们长大，贯穿他们的一生。从午睡中醒来或一天结束的时候，他们尽情吸收着周围的一切，这时候他们尤其会对语言的感觉和节奏打开心灵。他们一天中那些小小的戏剧性的时刻是最好的故事素材。深刻的本能和直觉会引导我们，让我们知道他们需要听什么。

尽管最初有些犹豫，一位妈妈决定让自己每天晚上都抽出固定的时间给三岁的女儿莎拉讲故事。她总是结合记忆和想象，用温柔而坚定的声音这样开始她的故事：从前有一个小姑娘叫莎拉·伊丽莎白，她和妈妈、爸爸还有她的狗一起，住在一栋大大的棕色房子里。她的朋友小老鼠莎拉住在厨房墙角的一个洞里。这些故事总是反应出孩子一天的经历，包括她的快乐和疑问、不安和害怕。小老鼠莎拉通常有着和小女孩莎拉平行的冒险经历。小老鼠也有自己的亲戚、朋友和敌人，住在树丛里、石楠树下和森林里。

在夜晚讲述回顾一天经历的故事可以增进兄弟姐妹之间的友爱。过完忙碌的一天，一位父亲常常感到疲惫，但他发现专心致志地给儿子们讲述关于这一天的故事可以使他恢复精力，振作精神。每天的连载故事中的主角正好和两个儿子一样大，他们的名字就是现实中这两个男孩的名字。他们和父母住在一起，两只长着金色眼睛的大狗守护着他们。父亲每次都一定会以这样的开头拉开故事的帷幕：*从前有两个小男孩，和妈妈、爸爸还有两只忠实的狗一起，住在路边的一所房子里*。孩子们小的时候，故事里的男孩们的经历和现实生活中这两个男孩一天的生活非常相似，包括天气、他们的心情以及他们所做的各种各样的事情。随着孩子们渐渐长大，两只狗变得越来越神奇。

如果和孩子们一起度过了尤其吵闹混乱的一天，可以讲一个故事来转换一下，故事内容可以是一个井然有序的家庭——父母对美好的一天心怀感激，孩子们在一起快乐玩耍，祷告之前会认真刷牙。一位热爱天气的母亲创造了一系列故事，每个故事的开头都是两个孩子早晨醒来，把头伸出窗外去观察天空的变化，然后穿好衣服，吃一顿丰盛的早餐，去拜访人、宠物、花园和商店。孩子们满六岁和七岁之后，他们的旅程有时候会带有强烈的想象色彩，但在每一个故事的结尾，两位主角都安全地回到家里，吃过晚饭，上床睡觉。

今天的很多父母都意识到孩子在一天结束的时候需要听故事，因此求助于视频、录音机和电脑故事。但如果一个故事是由成人亲自讲述的，而这位成人了解孩子每天真实的日常生活，那么他所讲述的这个独特的故事会带给孩子截然不同的体验。

当你创造一个故事去勾勒孩子们的经历时，请用一种平静的、充满爱的声音去讲述，把他们的快乐、忧虑和疑问都包括到你的故事当中。在一天结束的时候，每一个故事都会带给你宽慰和思考，尤其是如果你用一种平稳的、充满爱和呵护的语调讲述的话。如果你漏掉了一些对于孩子来说非常重要的细节，他们随时都会予以补充。

描述个人的记忆

年幼的孩子通常带着爱和接纳去体验当下的所有人和事，然而到了四岁或五岁，他们开始渴望听到你或其他成人在他们那个年龄时的事情。你住在哪里？你和谁一起玩？你喜欢谁？喜欢什么东西？在你父母的记忆里，你小时候是什么样的？当你与他们分享自己的这些轶事时，他们尤其喜欢研究你的感情。

孩子们觉得他们自己以及所有创造物永远都会受到守护和爱，因此他们需要听到人们带着爱和正向的兴趣说起他们所有的家人。孩子们可以从我们这里学会尊重和理解其他家庭成员。一位思维清晰、精神矍铄的祖母经常和孙儿们一起站在长长的镜子前说："我感谢你，为了我能站在这里，感觉自己那么好的每一刻！我还是个小女孩的时候，我的父母照顾我。他们要求我干活、做功课、唱歌，要求我做许多其他事情，正是这些使得我今天的生活如此快乐，为此我感谢他们。"然后她在最心爱的椅子上坐下，与孩子们分享她小时候的故事：吃饭、工作、玩耍、她母亲和父亲之间的争执、她和别人的争吵。她讲述她和自己的七个兄弟姐妹是多么喜欢新鞋子，她住在哪里，她以及家里其他孩子的名字是如何来的。她按照年份、季节、月份和星期，把自己最喜欢的童年回忆做了一个自然的归类。“我四岁的时候，六月里，我总是在我外婆家的花园里，看蜜蜂在蓝铃花中采蜜。我的外婆非常喜欢我。”她说，“九月，我总是去上学。三月里，我的哥哥们会敲打枫树，敲出甜甜的浆汁。每逢星期六，我总是和太阳一起起床，然后跑到外面去玩。”

有一位妈妈，她的孩子都进入了青春期，她希望做一些准备工作，以便今后当祖母的时候，可以很睿智、很流畅地讲述家族的历史。通过多次的尝试和失败，她打开了想象力，创造了一个非常能体现自己真实心境的故事。故事开头是这样的：

从前有一个公主，从祖先那里继承了一座宝房子。她渐渐长大，知道了有这样一座宝房子，而且这座房子是她的，于是她走到房子门前，要求进去看一看。但是房子前面有两个卫兵看守着。其中一个卫兵说：“房子里都是一些破旧的东西，它们已经没有用了。”公主央求他们让自己进去亲眼看一看，但是两个卫兵交叉起长矛，不许她通过。于是公主去了外面的世界，变得很有智慧，但她一直挂念着祖先传下来的宝房子。渐渐地，她的孩子快要长大成人了，她的头发也已经灰白了，她再一次来到房子的门前。那里换了新的卫兵，用清澈而友好的眼睛看着她。

也许你的童年记忆已经丢失在灰蒙蒙的云层中，你想不起来太多的东西，即便如此，孩子们需要知道，你能够满怀敬意、亲切地回忆起自己小时候的事情。即使是最残酷的童年往事也能变成充满同情和洞见的故事。

无论你自己有什么样的童年，今天的你都可以成为家里那个讲故事的人，在家里建立起讲故事的传统，这是属于你的天赋权利。讲自己的故事时，你可以问自己：如何让这个故事成为送给孩子的爱的礼物？这个故事如何帮助他们培养我推崇的品质——力量、善良、勇气、忠诚、快乐、幽默？我的一个朋友讲了这样一个关于自己的故事：

我父亲正在花园里工作。我从喂鸟的盘子里拿了一些向日葵籽，跑到一棵松树后面，把它们全都种下了。我用自己的手指挖了一些小小的洞，我借来爸爸的大喷水壶，光着脚，踩着软软的、滑滑的松针，把水壶拎到我的小花园里，给向日葵浇水。渐渐地，种子发芽了。我经常跟妈妈讲我的小花园，但她从来不相信。有一天，我央求她去看一眼。她简直不能相信自己的眼睛，我的向日葵已经长得比她还要高了！

根据童年的记忆，我们可以编出很多有趣的小故事。这些记忆通常都跟童年生活中我们接触到的植物、动物和小伙伴有关。在一个分享童年记忆的故事小组中，一位忙碌的职业女性觉得自己没有什么小时候的记忆可以与孩子分享，后来，她的脑海中出现了一株熟悉的柳树，在轻轻地摇摆着枝条。大家鼓励她写下与这个图景有关的字词，于是她写："低垂的茂密的枝条；绿中带金黄色的树皮；柳条随风摇摆，像美丽的华盖；遒劲的树根；紫罗兰。"突然她想起在六七岁的时候，她曾经在屋后的院子里爬那棵小小的柳树，有一天还满怀惊喜地在柳树上发现一个鸟巢，里面有精巧的天蓝色知更鸟蛋，又过了一些日子，小知更鸟在叽叽喳喳地叫。很快，她的记忆里又闪出一棵松树，那是她爷爷亲手在屋后的院子里种下的，圣诞节的时候，看着松树被砍掉，她是那么伤心。她还想起那颗忠实的老橡树，整个童年都系着她的秋千。还有她总喜欢靠在上面的桦树，那是她刚开始学认字时的好伙伴。来自童年的这些友好的树越列越多，她终于意识到，她有很多的记忆可以编成故事。

六岁左右，很多孩子开始爱听父母以及爷爷奶奶小时候有过哪些重要的教训。他们有没有穿着不匹配的鞋子去上学？摆放餐具的时候有没有忘记算上自己？有没有未经允许就过马路，结果受到惩罚？有没有朝汽车扔过石头？卡特里娜是一位编辑，她参加了一个故事小组，希望能够自信地给孩子讲即兴创作的故事。后来她又把自己的故事经历写成了一本书。她告诉我们，她和丈夫第一次给孩子讲故事是在一个夜晚，当时他们正带着两个儿子——当时一个三岁，一个六岁——开车回家，旅途很漫长，一开始他们回忆着孩子们过去的事情，很快，在大儿子的询问下，他们开始回忆自己小时候那些“惨痛”的往事。她丈夫不小心用大石头砸伤了自己最好的朋友，还有一次用斧头的时候却砍伤了自己，还被狗咬过。她则绘声绘色地描述自己如何骑着马撞翻了一个大黄蜂的蜂窝，被马掀翻在地上，身上被黄蜂叮了七处。她还讲到自己如何摔断骨头，如何让一个装满水的金鱼缸泼翻在自己头上，曾祖父如何在拖拉机轮下丧生。他们正讲得热火朝天，她写道：“一转眼我们就到家了。而且从那以后我们对故事有了永不满足的胃口。”

让父母感到惊讶的是，一些听话又体贴的孩子却很喜欢听这一类故事。我认识两个女孩，我每次去她们家做客的时候，她们都缠着我，要我给她们讲一讲我所认识的最淘气的孩子。她们都是典型的乖孩子，渴望自己的生活中多一些生气和活力。我知道孩子不像大人那样思考，而是在无意识中模仿，于是我就绘声绘色地讲述那些小小的淘气行为。性情特别温顺的大一点的孩子常常很喜欢描写淘气孩子的故事，像阿斯特丽德·林格伦[1]的《长袜子皮皮》《强盗

[1] 阿斯特丽德·林格伦（Astrid Lindgrun，1907~2002）：瑞典儿童文学作家，著有《长袜子皮皮》《小飞人》等。——译者注

的女儿罗妮亚》等。

从一个新鲜的角度去讲述童年的经历可以让自己稍稍抽离出来，从而保护自己的感情。很多人选择从自己居住的房子的视角，或者从守护房子的树的视角去讲述曾经发生的事故。对于孩子来说，一切都是活的，都充满了情感——房子或花园的心里可以是快乐的、悲伤的，或者是兴高采烈的。从一个旁观者——邮递员，或者一个真实存在的或虚构的邻居——的视角也可以释放出你的记忆。也可以通过家中宠物的视角，以一种愉快又有趣的方式去挖掘尘封的记忆。“从前，有一只狗，他的名字叫……他和一户人家一起，住在一条繁华街道的一座棕色房子里。”你讲故事的时候，如果家里人讲一些批评或讽刺的话，你可以告诉他们把故事当故事听，同时提醒他们，当你和孩子分享往事时，你的心里很柔软也很脆弱，你需要他们给予尊敬的倾听。

一位父亲负责在妻子出去工作时照顾孩子，从孩子很小的时候起，他就带孩子去自己小时候去过的地方。每去一个地方，都会引出他自己小时候的故事。很多年以后，他的孩子们长大了，有时会带着自己的孩子，和父亲一起旧地重游，再听一遍小时候听过的故事，那是一些非常快乐的时光。还有一位父亲，小时候因为自己父亲的沉默和不愿沟通而备感压抑，他常常这样给儿子讲自己的故事：“我还是一个小男孩的时候，常常去冒险，那时候我有很多梦想。”这让孩子感到，他也可以有自己的梦想。

行为举止不合常理的家庭成员可以带来故事的灵感，特别是当孩子们到达青春反叛期的时候。这个年龄的孩子渐渐懂得欣赏一些有生动心理描写的传记作品，像 H.E. 贝茨[1]的《我的叔叔西拉斯》以及杰拉尔德·达雷尔[2]的《追逐阳光之岛》等。但年幼的孩子还不适合看传记作品中的翔实描写。家族里如果有特别不幸或古怪的人物，最好把他们当做想象中的角色。对孩子们说，你爷爷是个酒鬼，你奶奶一辈子没干过一天活，这样的话有太多的评判色彩，也太抽象。

孩子们需要感觉到你对自己以及自身的经历怀有爱和尊敬。回忆小时候一段特别有创造力、特别有毅力或有勇气的时光会让他们感到满足。选择一段往事，编成一个小小的故事，你会发现自己从中获得了丰富的营养。你的故事会给孩子们留下深刻的印象，深深地影响他们成人后的生活。很多父母习惯于搜集童年的故事，记在笔记本上，开头也许是“当我像你这么大的时候”，故事内容可以是自己的爸爸妈妈、哥哥姐姐、邻居家的小孩，或者是去爷爷奶奶或其他亲戚朋友家做客的事情。你也可以用简单的语言讲述你喜欢的一棵树、一个藏身之处、一只宠物、一段假期或一位朋友。在你的影响下，孩子也会和你一样，对一切充满爱和惊奇。

在印刷机发明之前，记忆发挥着更大的作用。当你写下过去的往事，当做作故事读出来以后，可以和孩子们玩“你记得什么时候

---

[1] H.E. 贝茨（Herbert Ernest Bates，1905~1974）：英国作家，著有《我的叔叔西拉斯》（*My Uncle Silas*）、《对莉迪娅的爱》（*Love for Lydia*）等。——译者注

[2] 杰拉尔德·达雷尔（Gerald Durrell，1925~1995）：英国著名博物学家，著有描述童年快乐生活的《希腊三部曲》——《追逐阳光之岛》《桃金娘森林宝藏》《众神的花园》。——译者注

发生了什么事情”的游戏，让故事的结构和框架去帮助孩子记忆，另外还要让他们感觉到珍惜记忆的重要性。试着用下面这样的句式去讲你自己的故事：“我____岁的时候，住在____国____城市一条叫做____的街道上……”

想象

即兴讲故事

当你觉得故事会往某个方向发展的时候，创作的波浪却可能把它推向另一个方向。一位母亲抱怨说：“我讲故事的时候，总是不能确信，我所给予女儿的，是否正是她所需要的。”不确定恰恰充满了创造性，它使得我们带着超乎寻常的意识去注意到一些东西。角色的名字、地名或者情节会不期然地改变；一些词语在耳边响起，唤起我们的注意；一阵突如其来的情感让我们感到惊诧，扰乱我们的心情。

有时候，故事的即兴创作是一种神秘的合作。作为老师，我很早就发现，为一个或一群孩子创作故事的过程是微妙而复杂的。虽然当时我不知道为什么要那样讲故事，但这些孩子今后生活中所发生的事情常常会为我提供解释。有时候，我在一个孩子长大成人之后遇见他，他告诉我某个故事对于他的意义是多么重大，直到这时我才开始理解一度曾经很模糊的那些东西。我学会了去信任出现在孩子和我之间的图景、词语、思想和情感。我发现，同时起作用的，有很多不同的元素——我对孩子的爱、我希望用故事去滋养他们的渴望，以及我不知该说些什么的困惑。通过观察和询问，我感觉到，故事常常来自于他们更高的自我，或者来自于他们个人或家庭的力量或困境。孩子们需要被理解，需要长大，这种需要能够激发故事的内容和情感基调。我常常感觉到自己被某种更大的爱的力量所指引。

我的基本原则是让我的心灵和思想去为孩子们服务。我发现，当我的想象力与孩子们的想象力交融在一起，它们就会自由戏耍，完成一些有益的任务。我们寻找问题的解决方案，发明，满足饥饿和渴望。恐惧平息了，怀疑改变了。想象中的图景促使着演变的发生。我看到，孩子们的内在生活需要保护和帮助，去创造出希望和梦想，从而提高适应力和免疫力。即兴创作出很多故事——无论是站在孩子们面前讲故事，还是自己用纸和笔写——之后，我对于创作过程更加熟悉了。多年以来，与孩子们之间这种高层次的交流滋养着我，令我着迷，我跟许多人都分享过这种讲故事的方式。

但是我常常会和你一样，对于编故事十分抵触。经验告诉我，抵触是创造力的一部分。当我和父母们一起练习即兴讲故事的艺术时，如果我们善于驾驭自己的抵触情绪，一种神秘的炼金术就会从我们之外的某个神圣源头产生出词语——活跃的想象力和表达之美为我们开启了孩子的心灵。在这些故事的结尾，我们坐在那里，心中满是惊奇和感激，为了那些通过我们讲述出的智慧和爱。

孩子使我们抵达自己的内心深处，克服抵触情绪，进行表达。

孩子们希望每个人都像他们那样成为一个有活力的创造者。你那富有创造力而又温暖的特质，你眼中顽皮的光芒，与你有关的一切都有可能促成他们的成长。你独特的想象力对于孩子来说非常重要，如果你只借助于已经出版的读物来讲故事，那你就是在教孩子做同样的事情。

不过，故事的创作总是会触发各种相互矛盾的情感。一位母亲最近告诉我，每当她的儿子请求她讲故事时，她总是觉得自己不会讲。然而一旦开始，一些令人惊讶的事情就发生了。每一个讲故事的人都会像她一样，体验到了解和无知、勇气和恐惧、信心和谦卑。这些相互矛盾的心理状态是每一位创造者所熟悉的，也是逃避不了的。然而对孩子的爱和专注，以及讲故事时投入的态度，可以在我们和孩子之间产生真正的交流，自古以来就是如此。一位父亲参加了一个父母讲故事小组，一天晚上，他找机会给儿子讲了第一个故事，却意外地发现自己心里有许多故事。事后回忆起这件事，他说："整个过程中我的儿子全神贯注，我也是如此。我朝自己的想象中看去，看到一条闪闪发光的小溪，于是我走到溪边钓鱼。在最初涌出的画面中，我选择了一个，我和这个画面待在一起，围绕它创造了故事。"一位妈妈也表达了类似的惊讶，在给女儿们讲述了一个原创故事之后，她再次加入这个成人讲故事小组，充满自豪地告诉大家："小家伙们告诉我，我是世界上最会讲故事的人。是孩子们的倾听鼓励我把故事讲下去。我不确定她们是否喜欢所有的情节，但我沉浸在故事中，把它讲完了。我好像是在把一幅幅画面串成一个项链。讲完故事之后，我心中充满了奇妙的安宁。孩子们一遍又一遍地请求我重复这个故事，她们帮助我回忆起每一个细节。”这两位家长都发现了一个全新的角色，这也是做父母最大的乐趣之一。他们踏入了一个充满爱的创作的源泉。

另一位母亲也表示，女儿帮助她创造出了自己所需要的故事，她以科学的方式解释了这一点，语气里充满快乐：“似乎我的身体离开我，与女儿的身体交融在一起——心和心连在一起，血和血混合在一起。然后她的身体来到我的身体里。两个身体来回穿梭，就像某种渗透交换。这很奇怪，但这是真的。”另一位母亲也惊奇地谈到这一神秘的过程：“我们同处意象之井。或者说，孩子们需要从我的井中饮水，而我需要从他们的井中饮水。有时候彼此很难分清。那些对于我们的关系有特殊意义的画面，很难分清究竟来自谁的井中。”此类交换之深刻，有时达到了令人惊讶的程度。一位母亲收养了一个四岁的亚洲女孩，她说：“她将宇宙故事从我这里拉了出来。”当孩子问她，鱼、鸟和狗死了以后，分别去了哪里，她发现自己在讲述天堂的不同层次。那些她明显陌生的守护神的画面降临到她的脑海里。

一位温柔而敏感的妈妈最近告诉我，当她和女儿们坐在一起，为她们讲述自己编的故事时，最初她真的害怕敞开自己，去面对想象中升起的画面。但每次讲完一个故事，她说：“我有一种被帮助的感觉，似乎有一种看不见的善的力量，一路指引着我，守护着我。”我也常常有同样的感受。当我希望编出一个能真正满足孩子需要的故事时，我的决心总是被害怕所动摇。然而当我把注意力放到孩子身上，一种充满智慧和创作性的力量会让我平静下来。我感觉孩子们的意象、孩子们所关心的问题转移到我的身上，等待我将它们表达出来。这些想象中的图景常常带来喜悦和神奇的感觉。“看，就在这里！这是给你的！”这是我们可以分享的一些特别的东西，就像一只羊，凭着自己的感觉为小羊们找到了一块鲜美的草地。故事自然发生，就像阳光和小鸟，为自己而歌唱，却带来幸福和滋养。父母和孩子属于故事，而故事属于嬉戏的宇宙。这种连接带来的是正向和安全的感觉。

当孩子要求我们即兴讲故事时，他们是在呼唤我们灵魂中与孩子相似的那一部分，这部分的灵魂专注、富有冒险精神，充满奇思妙想。想象的故事通常扎根于人类灵魂中与物质世界仅有些微联系的层面中。想象中的每一个画面都是一个小小的幻象。想象比推理更迅速，比梦想更有创意，带着我们触碰到那些看不见的人、地点和时代。它帮助我们度过困难的时光，借助图景告诉我们做什么，往哪里去，如何成长。如果你对自己的想象力怀有自信，专注地创作故事，孩子们也会从你那里吸收和学习这种技巧，这是一种独特的共生现象。一位母亲正在学习如何在讲故事时摆脱眼前环境的束缚，她抱怨说：“当我试图讲述某个事物时，我就捕捉不到它了。我希望我的故事更加完整、连贯，前后呼应。”另一位母亲说：“我可以联想到某些画面，但我无法把它们串在一起。我的记忆也是如此，它只能停留在某个画面上，仅此而已。”我们如何自由释放自己的想象，让它以一种完整、连贯的方式去驰骋，从一开始就让我们相信自己能讲出一个好故事？

给自己一些简单而积极的暗示，例如“深呼吸，开始讲故事并继续下去，直到结束”。这可以帮助故事讲述者在开口之前就将故事作为一个整体去感受。故事有许多基本模式，遵循这些模式可以培养属于童年的天赐般的乐观精神。主角总是会经历一系列考验，最后总是“从此幸福地生活着”。黄金模式中包括障碍和帮助者，有时帮助者以令人惊讶的深度和高度，推动故事朝着安全和爱的方向发展。通过想象的眼睛看去，日常生活中那些真实的障碍，会转化成许多不同的形式。一个爱发脾气的小女孩的父亲讲了一个坏脾气的小仙女的故事，她不管去往哪里，总是喷出火焰，做出许多淘气的事情。一位急性子的父亲恰恰有一个慢性子的女儿，对此他深感无奈，最后编了一系列的故事，讲的是巨人一家，他们动作迟缓，无论做什么都慢吞吞的，而巨人夫妇的女儿希望自己的动作能比父母稍微快一点儿。在每一节故事中，每当行动艰难，就会有帮助者出现——舞鞋、白兔、天使派来的彩虹鸟。我永不厌倦地使用着这样一个模式：主角在出乎意料的帮助下，克服重重障碍，神奇地到达一个新的所在，那里有更伟大的生命、爱和幸福。

一群母亲聚在一起，尝试理解她们的孩子并为他们编织故事。首先她们探索了创造力和幽默——快活的笑声很快变成轻松活泼的文字试验和游戏。另一些人编了一些小小的、两三分钟长的故事，将忧伤变为快乐，或者让急躁的情绪突转而下，变为现实的笑话或闹剧。还有一些人讲了一个短短的、节奏舒缓的故事，弥漫着一种舒适感，引起人们发自内心的微笑。通过这些体验，他们逐渐了解了给孩子讲故事时的四种基本情绪。

四元素

我告诉这些母亲，多年来是什么样的原则在指导我创作故事。“如果你的孩子有很多火的元素，”我说，“如果他走起路来脚步很重，他让你知道自己想要什么，不想要什么，长着强壮的肩膀，在生活中有战斗感，那么你就不要浪费时间去给他讲小沙鼠在早晨静静醒来的故事。”根据我的经验，火相元素明显的孩子喜欢听那些勇敢的故事，喜欢让自己的能量和故事里的能量汇合。

与风而不是火有着更紧密联系的孩子——那些踮着脚尖走路、步履轻盈的孩子——喜欢听欢快的、充满色彩鲜艳的鸟、优雅的花、甜甜的香味和变幻的光的故事。

相比之下，有的孩子真的很喜欢听那些关于小鸟或蜘蛛死去的故事。让父母惊愕并困惑的是，当故事讲述恐惧、悲伤或受伤害的情感时，一下子就能唤起他们的兴趣。忧郁气质的孩子寻求的是与他们的主导心情相吻合的故事。

水相的孩子随遇而安，心情平和地观察着生活，最能引起他们共鸣的，是那些自始至终充满平静的氛围，每一个角色都受到很好照顾的故事。当你开始故事的盛宴，奉上丰富而美味的佳肴，动作较慢的水相孩子会全神贯注地投入其中。

“但如果我无法改变自己的主导心情去贴合孩子的心情呢？”一位妈妈问。我与她分享了一个经过多次验证的心得：故事时间是让人焕然一新的好机会，可以利用这个机会去了解和转化人的心情。“如果孩子火焰升腾，”我建议说，“在故事时间，可以拿出那顶有十二年历史、插着红羽毛的帽子，把它反戴在头上。如果你的孩子欢蹦乱跳，一刻不停，可以试着穿一双色彩鲜艳的黄鞋子，并在耳朵后面别一朵花。或者，为了让自己平静下来，让心情更加熨帖，可以沏上一壶有安神作用的茶，然后把自己舒舒服服地裹在一条长长的、海蓝色的披肩里，你的孩子和你都会因此而惊喜。或者，如果泪水已经在孩子的眼中藏了好几天，可以戴上一块旧三角头巾，让忧伤来做故事的讲述者。多少年来，富有创造力的想象支持了所有的故事讲述者，与这种想象结盟，凭借艺术的嗅觉，迎接孩子的所有心情并享受这个过程吧！

脑海中有了这四种主导气质，故事小组中的妈妈们决定每人制作一个特别的娃娃或布偶来帮助他们给孩子讲故事。接下来的几个星期，她们做出了一些轻盈的小精灵、一个红衣王后、一个神情急躁的矮人、一匹忧郁的蓝色的讲故事的马……其中一位母亲缝制了一个苔藓绿的小矮人，对她来说，这是一次了不起的体验。她希望这是一个友善、随和，与她的两个儿子——当时一个三岁、一个六岁——性情接近的小精灵。“摩西”[1] 成了家庭生活的一部分，在她给孩子讲述的一系列精彩故事中，这是一个性情平和、讨人喜欢、有力量、能帮助人的角色。她用心写下第一个故事，把它记在脑海里，讲给孩子们听，她所做的努力以及孩子们心满意足的样子给了她自信。从那以后，她开始尝试即兴发挥，讲述了一个又一个生动而敏感的故事。她相信神灵的帮助会通过摩西到达她这里，手里握

[1] 摩西（Mossy）：有“苔藓”的意思。——译者注

着自己的创造物，第一个故事开始了。

从前，有一个小矮人，名叫摩西。他住在密林深处一棵老橡树的树洞里。他把树洞布置成了一个能遮风挡雨的舒适的家，因为他很讨人喜欢，所以老橡树一点也不介意。橡树非常慷慨，很乐意把自己的树枝、树叶和树皮与摩西以及其他几个小矮人分享。

摩西看上去并不漂亮，脸上满是皱纹，胡子又长又乱，但他性格很好，不与任何人为敌。有一天，摩西吃过早饭以后，像往常一样出去散步，以便帮助自己消化。他喜欢每天在固定的时间去散步，这让他觉得一切都有条不紊。其他人忙碌吵嚷的时候，他会觉得匆忙和不舒服，但他会深深吸一口气，让自己更加专注，然后用平稳的步子继续往前走。

这天早晨，当他到达森林边缘的时候，有人在背后呵斥他："快让开，胖小子！"摩西慢慢地、不慌不忙地转过身，看见一个陌生人，骑在一匹黑马上，气喘吁吁。"我不习惯别人这样对我说话。"摩西一字一顿地说。"那就学着去习惯吧！"那个人嚷道。

随着故事的继续，老橡树告诉摩西，小霸王博西[1]是一个捣蛋的幽灵，正在做一件可恶的事情——把人类的小孩从他们的妈妈那

[1] 博西（Bossy）："霸道、专横"的意思。——译者注

里带走。渐渐地，摩西成功地进行了干预。但在后来所讲的故事中，博西又粗暴地出现了。这位妈妈知道，故事触碰到了孩子们在学校以及小区中所经历的恐惧和挑战，也为她这个讲故事的妈妈打开了新的视野。一段时间之后，孩子们会在需要的时候主动要求妈妈再讲一个摩西的故事。

你也可以像那位妈妈一样，缝制一个小矮人，然后用自然环境中的东西为他命名。矮人是地下世界的守护者，他们恪守职责，耐心地倾听石头歌唱，岩层低鸣。你可以想象一个矮人，他寻找水晶、绿宝石或一些神奇的石头。你可以用石头和小树枝做乐器，想象石头的歌声从山脉和田野间传出。

当然，在与书的关系中，也可以发展出想象。一位妈妈在成长过程中从未拥有过自己的书，她说女儿们激发出她对书的温暖感情："每次送她们新书，我都会仔细挑选，然后自己先读一遍。我会让每一本书都是特别的。"书是有生命的，尤其对于年幼的孩子，一个奇妙的世界会从书页中醒来。一个受到喜爱、拥有自己生命的故事会因为这些特质而向孩子们闪耀出光芒。当我朗读或讲述书上的故事时，我常常告诉孩子们，书里的故事和图画在做梦，它们希望醒来，和孩子们一起玩耍。年幼的孩子会理解这些话。这使他们产生一种与文字和图画互动的感觉。有这样一个被美国家庭收养的中国孩子，她与父母亲分别建立起一种独特的关系。她的父亲经常在出差回来的时候带一些书送给她，她仔细收好这些书。然而她要求母亲只给她读一本书，一连读上好几个星期。有一天，令父亲大为惊讶的是，她满怀感激地接受了礼物，却明确告诉父亲："请不要再给我这么多选择。”

如果孩子从小喜欢阅读，那么他们尤其需要父母做“活的书本”，为他们讲述人生的书页中那些真实的故事。要想让孩子一生都热爱书，最好的办法是帮助他们倾听自己的经历以及你的经历。一位祖母常常给孙儿们讲自己的人生故事，同时尽可能挑选好书读给他们听。她非常坦率地说：“我是为了自己而进行故事的历险。通过给孩子们讲故事，我让自己变得更完整，渐渐意识到我是谁。感谢上帝我能够这样做。”一位母亲则有另一番感受，她坚定地说：“当我的孩子看到我不断地挣扎和尝试，像他那样一连几个小时努力发挥出创造的能量时，他会非常高兴，但有时候我就是讲不出故事来。我儿子总是要求我讲一个‘完整的故事’，他觉得我是一个成人，我的心里应该专门为他储存了许多完整的故事。有时我只好说：‘今天我心里是空的，我也渴望着听一个故事。我们一起来找一个吧。’我们看着一棵树、一片云、一把椅子或一只猫，于是一些简单直接的故事就从这些事物中产生出来。这个世界上，有什么东西是没有故事的呢？我努力满足儿子对故事的渴望，在这个过程中，我渐渐意识到，即使是最普通的饮用水也曾走过长长的旅途，路上的一块石头也有过自己的历险，一个瓦罐、一支铅笔或一块桌布都曾遇到过许多不同的情形和不同的人。”

刘易斯·卡罗尔[1]以非常精彩的笔触，将他和心爱的孩子们一

[1] 刘易斯·卡罗尔（Lewis Carroll，1832~1898）：英国作家、数学家、摄影师、艺术家。《爱丽丝漫游奇境记》作者。——编者注

起经历的事情，变成了想象中的故事，以不同寻常的灵性视角体现了孩子的内在发展。就像许多最棒的故事所常有的情形，有一天卡洛尔非常疲惫，他随口编了一个故事，那就是如今家喻户晓的《爱丽丝漫游奇境记》。爱丽丝是一个真实的女孩，她后来请求卡洛尔为她写下这个故事。他最终完成的叙述是对爱丽丝内心世界深刻而又充满幽默的写照。许多歌曲、玩笑、游戏以及他和爱丽丝共同游玩的地点，通过机智的语言和画面，变成了故事内容，这是卡洛尔小时候就经常和自己的兄弟姐妹一起练习的技巧。《奥兹国的巫师》[1]系列故事来源于作者弗兰克·鲍姆[2]为自己的孩子所讲述的故事。当你十分疲惫的时候，你可以尝试着像卡洛尔那样给孩子讲故事，用嬉戏而深刻的方式向孩子致敬，然后看看这对孩子和你有什么影响。

---

[1] 《奥兹国的巫师》(*Wizard of Oz*)：也译作《绿野仙踪》。——译者注

[2] 弗兰克·鲍姆（L.Frank Baum，1856~1919）：美国作家。——译者注

第三章

故事宝盒——游戏

年轻人和老人都上前游戏。

——约翰·弥尔顿《欢乐颂》[1]

我会吹口哨，我会唱歌，我会做所有的一切。

——《牧羊人的舞蹈——英国传统歌曲和舞蹈》

[1] 约翰·弥尔顿（John Milton，1608~1674）：英国诗人、学者，著有《失乐园》《欢乐颂》等。——译者注

故事框架

就像烧一顿美味的饭菜之前需要采集原料，讲故事之前也可以做一些准备工作，确保大家能够享受讲故事的过程，从中获得满足。可以先整理一下房间，然后把灯关掉或把灯光调暗；或者轻轻哼着歌，点燃蜡烛；或者唱一首使人精神振奋或情绪平静的歌。在罗马尼亚，传统的讲故事者有时会以这样一个玩笑开头："很久以前，在一个老鼠逮猫的年代里……"在巴哈马，你可能会听到这样的故事开头："很久很久以前，在一个非常美好的时代，不是你的时代，也不是我的时代，而是古人的时代……"我亲眼看到，当父母们发挥出自己的想象力，他们可以创造出自己的故事开头。

很久很久以前，有一个讲故事的人。所有人都和他一起围坐在篝火边。他看着火焰跳舞，在火焰的中间，他看见故事在移动。这就是他所讲的故事……

或者

很久很久以前，有一个讲故事的人，当她开始讲故事的时候，一只乌鸦飞下来“呱呱”地叫着。她说：“快走开吧！”但是乌鸦不愿走开。“快飞走吧！”但是乌鸦不愿飞走。于是她说：“乌鸦，如果你想留在这里，就不要说话。”于是所有的乌鸦都安静了，而她终于可以开始讲故事，人们静静地听着。这就是她所讲的故事……

一天，在一个学讲故事的班级上，好几位家长尝试着用对于自己很重要的另一种语言来开始他们的故事。他们创造出歌谣和简单的旋律，用尼日利亚伊博语、荷兰语、德语、法语、日语和葡萄牙语等歌唱，用拇指琴、木琴、齐特拉琴、手鼓、莱雅琴等简单乐器来伴奏。

Aka nni kw○ aka ekpe,

Aka ekpe akw○ aka nni.

当右手搓洗左手，

左手也在搓洗右手。

de glimmends vis, ze zwemt in de zee

ze zwemt en zingt: oh kom met me mee

闪闪发光的鱼，在海里游，

一边游一边唱：哦，跟我来……

Kleiner bunter Schmetterling,

Lass mich auf Dir sitzen.

Trag mich in das Märchenland

auf Deinen Angelspitzen.

彩色小蝴蝶，

带我飞上天，

去往精灵国度——

随着你的翅膀飞翔。

La mer, la terre, les astres là haut

Nous partageons de tout ce qui est beau.

大海、陆地、天上的星辰，

我们用美分享爱。

Ojichanga bokuni Hio okosu

tameni chodo ii okisano

当我凝视夜空，突然

所有星星发出更亮的光芒。

Pim...pi...ri...li...pim...re...

Pozinho mágico de estória

Está chegando até mim!

Pim...pi...ri...li...pim...re...

故事的神奇灰尘，

透过我闪耀。

一位祖父很喜欢和孙子们一起划船，他教孙子，当他驶入故事的水域，他们要像划船人那样应和。当他说："出发咯！"孙子们就快乐地齐声喊："使劲划！"一位童年时期受到忽略的祖母创造了这样一个故事框架，在给孙女们讲故事的时候使用：

从前，有两个女孩，住在森林边缘。有一天她们决定到森林里去探险。她们信步前行，最后看见一栋整洁的、被树木掩映的小屋。然后她们听见一个慈祥而苍老的声音："亲爱的孩子们，快进来吃晚饭吧，我正在等你们呢。"她们吃了一顿丰盛的______晚餐，饭后老妇人问她们想不想听故事。"是的，非常想！"她们说。于是老奶奶在摇椅上坐下，这就是她讲的故事……

这位祖母总是以同样的方式结束她的故事：

讲完故事之后，老奶奶在每个女孩肩上披了一件斗篷，斗篷是那么合身，就像为她们量身定做的。然后老奶奶将一条干净的小路指给她们看。"无论什么时候，只要你们想听故事，都可以沿着这条路回来。"她说。于是两个小女孩回到家，心满意足地上床睡觉了。

用一种安宁而令人满足的方式去结束故事，这对孩子非常有益。如果孩子年纪很小，可以哼唱着简单的旋律，轻轻关上故事的大门。你也可以创造出自己的故事“框架”，在给孩子讲故事时使用同样的开头和结尾。

如何记住故事

“再讲一遍！再讲一遍！”孩子们总是一遍又一遍固执地要求我们。年幼的孩子为何如此痴迷于重复？在我们重复了无数遍之后，他们依然以科学家一般的坚持精神研究我们、考验我们，直到我们以一模一样的口型吐出一模一样的字句，眉毛扬到一模一样的高度，以一模一样的姿势挠自己的耳朵或下巴，他们才心满意足。孩子们会经历许多混乱，经历许多令他们不知所措的变化，他们视我们为榜样，去协调成长过程中的各个方面。从我们身上，他们学会了热爱故事并直接讲述出来。

当然，有很多方法可以帮助我们给孩子讲故事。

大声朗读故事

有的父母担心他们永远记不住一个完整的故事，但从某种程度上来说，每个故事都唱着自己的歌，能够自己记住自己。有这样一位母亲，由于孩子们总是请求她讲故事，而不是从书上读故事，她最后终于向他们的需要屈服了。第一次她选择了一个童话故事，因为它很短。几个月以后，她已经有了很多保留节目，可以凭着记忆给孩子们讲故事。她说："当我试图记住一个故事时，我想象自己在和孩子们一起听这个故事。在白天的闲暇时刻，或者晚上睡觉之前，我大声朗读整个故事，并在朗读之前和之后留给自己一段静默的时间。这样大声读过几次之后，故事仿佛成了一个亲切的老朋友，每一个字词都在呼吸，都有属于它自己的生命。"

为故事创造出画面

你可以像看画廊里的画那样，去看你想记住的任何一个故事。一位父亲解释说，对于他来说，熟悉一个故事的过程就像是冥想。"我和故事待在一起，驱散所有让我分心的事情。我梦见那个故事。我仰面躺着，呼唤着故事中的画面，让它们进入我的脑海。"如果希望故事的讲述浑然一体，你也可以运用想象，倒着去看画廊里的画，从末尾到开头，一幅一幅端详，也许会在某一幅或某两幅画的前面停留更长的时间。当你细细体会故事的每一个部分，整个故事的画面都会在你心中醒来，所有的形状、颜色和意义都会呈现出来。你可能喜欢画出简图，或者用水彩或彩色蜡笔画在一张大大的纸上。随着你激发出自己的想象力，孩子们的想象力也会得到激发。

在想象中演出

想象有一位非常明智、非常棒的导演，把故事中的事件搬到儿童剧场上表演出来。在睡觉之前，当你身心放松地躺在床上，或者在读过故事之后，想象一下，如果把它演出来，会有什么样的场景？具体到细节部分，会有什么样的颜色和动作？在你和孩子们熟悉了故事之后，可以很自然地把它演出来，或许用一些娃娃、布偶和服装。

把故事唱出来

把整个故事或故事的一部分唱出来可以让耳朵陶醉，让心灵敞开。很多小孩听过一个十分喜爱的故事之后，会自己把它编成歌唱出来，同样，我们内心的孩子也可以唱出整个故事或其中的一部分。通过旋律，关于故事世界的记忆会在一个更深的层次上激活。患阿尔茨海默病的人可能记不住家里人的名字，可是通常却能唱出小时候学会的所有歌曲，这真是一件奇妙的事情。

把故事写下来

古老的童话故事以及其他一些优美的故事会令你想要怀着敬畏专心地把它们写下来。有时候你感觉一定要准确地记住故事里的每一个词。如果你喜欢自己的笔迹，可以把故事写下来，或许写在一个专门的笔记本上。当你慢下来，更多地接触到故事中的字词、句子和段落的形状，故事就会进入你的私人宝库中，成为你的保留节目。

散步

“为了记住一个故事，”一位年轻的故事讲述者说，“我会去散步！走路的节奏和大自然的韵律会帮助我把一个新的故事融入我的步伐中。”在散步的时候，她总是事先用简单的几句话，把她想要记住的故事的要点记在一张纸上。另一位母亲很少有时间独自散步，她告诉我，当她记一个故事的时候，她想象自己正走在一条小径上。像很多诗人和故事家一样，威廉·华兹华斯[1]的很多诗歌都是他在英格兰湖区散步时在脑海中构思出来的。

听录音

有些人会利用开车时间听故事，也许是用自己的声音、自己的措辞讲述，然后录下来的。一位父亲经常需要开着车到处跑，他自己读故事，用自己唱的歌或自己弹吉他做背景音乐，然后录在磁带上，开车的时候听，直到记住每一个词。他很庆幸自己能够在漫长的工作时间里为孩子们做一些富有创造力的事情。

[1] 威廉·华兹华斯（William Wordsworth，1770~1850）：英国诗人。——译者注

学会辨认故事的结构

每一个好的故事都有其形式。专注而放松地坐下，自由呼吸，闭上眼睛，让故事把它的结构展示给你。故事的组织方式有很多种。

词语的音乐：通常，孩子们对词语声音的兴趣要大过对词语意义的兴趣。对于他们来说，故事时间是词语的沐浴。在讲一个很有节奏感的故事的时候，如果成人自己就很享受其包含的音乐特质，孩子们也会快速地感受到这一点。有些故事的结构主要通过词语的声音和韵律来体现。

画面的流动：另一些故事更多唤起的是我们的视觉，将一系列生动的画面呈现在我们眼前，有时这些画面具有不同层次的含义，就像梦一样。给自己一些时间，凝视着故事的每一个部分，让一个个场景、一个个不同的角色像美妙的画面一样出现在你眼前。通过练习，故事的图像语言会变得越来越丰富，就好像你正走在一个布置得井井有条的画廊里。出现在活跃的想象中的那些色彩鲜明的画面，连精美的插画都会相形见绌。

舞蹈——形式和方向：故事沿着清晰的模式移动。辨认出这些模式可以帮助我们记住故事的舞蹈。一个圆形的故事围绕“桑树丛”[1]，朝着一个方向稳稳前进，最后总是把我们安全带回最初的起点。螺旋形沿着同样的路径，出去又返回，带来轻微的——有时是

[1] 《绕过桑树丛》(*Here We Go Round the Mulberry Bush*)：一首经典的英文童谣，每一段最后一句都是“so early in the morning”。——译者注

巨大的——改变。艾尔莎·贝斯寇[1]的《佩乐的新外套》[2]是一本非常棒的图画书，可以带你熟悉这一模式。累积式故事像滚雪球一样前进，最后的结尾包含故事进程中的所有细节，有时则繁华落尽，再次回到最初的样子。《山谷里的农夫》[3]像许多儿童圆圈游戏一样，其叙述方式类似于《杰克造的房子》[4]《老妇人和猪》[5]以及《姜饼人》[6]。线形故事朝着一个新的目的地移动，有时通过重复来获得力量，例如《三只山羊嘎啦嘎啦》《三只小猪》。大多数伟大的童话故事都属于这一类别。永远讲不完的故事带有一个玩笑式的开放的结尾，例如《成千上万只鸭子》：

> 从前有一个农夫，他养了成千上万只鸭子。一天，他听说很快会有一个特别的节日，很多很多的人都会去城里，会有很多人买东西。他曾经过过苦日子，于是决定把这成千上万只鸭子都带到城里去卖。
>
> 他出发以后，没走多远就来到一条宽阔的大河边。桥在下游很远的地方——太远了，鸭子根本走不过去。农夫看到一条船，能够装下他自己，外加两只鸭子。于是他抓了两只

---

[1] 艾尔莎·贝斯寇（Elsa Beskow, 1874~1953）：瑞典最著名的图画书作者。——译者注

[2] 英文标题是“*Pelle's New Coat*”。——译者注

[3] 英文童谣，原标题是“*The Farmer in the Dell*”。——译者注

[4] 英文童谣，原标题是“*The House that Jack Built*”。——译者注

[5] 英国童话故事，原标题是“*The Old Woman and Her Pig*”。——译者注

[6] 英国童话故事，原标题是“*The Gingerbread Man*”。——译者注

鸭子放到船上，自己也爬进去，把船摇到对岸。这两只鸭子安全抵达了对岸，于是他又把船摇回来，又抓了两只鸭子。他把这两只鸭子送到对岸，然后又回来，又抓了两只鸭子。他把这两只鸭子送到对岸，然后又回来，又抓了两只鸭子。他把这两只鸭子送到对岸，然后又回来，又抓了两只鸭子。

（讲故事的人可以停顿片刻，让听故事的人问“然后呢”，这时可以回答说：“然后他还在抓鸭子。”）

《本生经故事集》[1]《伊索寓言》和拉封丹寓言中的故事通常以道德训诫结尾。这些故事就像合上盖子的小匣子，里面装着故事的寓意。史蒂斯·汤普森[2]在《民间故事》一书中使用了这一模式以及世界各地的民间故事所共有的一些模式。了解这些模式之后，你可以感觉到孩子们需要哪一种模式去帮助他们成长。一位热衷于讲故事的家长说：“我对故事的了解越多，了解故事就变得越简单。辨认故事模式的那部分记忆越练习就越强大。”

意义和道德训诫：有些故事是为了探索现实的观念或问题，或者为了证实某个观点。这样的故事主要针对较大的孩子。我们一定要意识到，年幼的孩子很少仅从理性的层面去记住故事。他们想用自己的整个身体去体验故事。他们能否与你高质量地分享故事时

---

[1] 《本生经故事集》（*Jataka Tales*）：一部重要的印度佛教文学作品，讲述释迦牟尼成佛前经历过的无数次轮回转生。——译者注

[2] 史蒂斯·汤普森（Stith Thompson，1885~1976）：美国学者，以研究民间传说而著称，著有《民间故事》（*The Folktale*）。——译者注

间，远比房间里堆满的故事书要重要得多。

很多父母惊讶地发现，他们自己已经忘记的故事，孩子们却记得那么清楚。如果把自己给孩子们讲过的故事记下来，每个人都会从中受益。记下故事的情节，或者孩子们喜欢或困惑的某个细节，这有助于唤醒你的记忆，无论是现在，还是未来。像记忆力一样，想象力也是有生命的。这里有一个开启想象的练习：想象你故事中的角色走入一个城堡或一个岩洞，墙上贴着许多画——每一幅都是活的。某个孩子或者一群孩子走入这些画中。之后他们讲述了自己在画中世界的遭遇。有一些书特别能够激发人们的想象，包括乔治·麦克唐纳[1]所著的《智慧的女人》、C.S. 刘易斯[2]所著的《纳尼亚王国传奇》以及P.L. 特拉弗斯[3]所著的《随风而来的玛丽·波平斯阿姨》。

创造游戏

对于年幼的孩子来说，动作比语言更有感染力。你的故事首先将他们带入你的气场中。当他们吸收故事的时候，他们啜饮的，是通过你传达出来的特质。你的惊奇感、你的爱都与他们相契合。他

[1] 乔治·麦克唐纳（George MacDonald，1824~1905）：苏格兰作家、诗人，写过许多童话故事和魔幻小说，著有《智慧的女人》（*The Wise Woman*）等。——译者注

[2] C.S. 刘易斯（C.S. Lewis，1898~1963）：爱尔兰小说家、诗人，著有《纳尼亚王国传奇》（*The Chronicles of Narnia*）等。——译者注

[3] P.L. 特拉弗斯（P.L.Travers，1899~1996）：澳大利亚小说家、演员和记者，著有《随风而来的玛丽·波平斯阿姨》（*Mary Poppins*）。——译者注

们从周围所有成人那里学习如何成为一个充分、完整的人。在仔细倾听故事的过程中，孩子们可以：

- 学会相信他人会为了他们而全身心投入；
- 和你一起切身体验何为创作——你向他们示范了创作的过程；
- 体验来自你这个成人的密切、温暖而持续的关注；
- 学习你开放的倾听态度；
- 学习你遣词造句的方式。

你愿意为了孩子而兴致勃勃地进行创造，这可以滋养他们，鼓励他们为了他人或和他人一起进行创造。成人的创造力与儿童的创造力有何不同？成人所能使用的技能，无论在质量上，还是数量上，都不同于儿童。我们成人的自我经历了多年的发展，相对而言是一种稳定的力量。我们可以观察某个创造过程，事后进行反思，有意识地珍惜它。年幼的孩子跳入生命的河流，尽情嬉戏。那一刻过去了，他们又奋然跳入另一股创造之波。

作为成人，我们要陪伴他们在水花中嬉戏，去满足他们的需要，帮助他们用善于观察的眼睛和创造精神去面对未来。一位在学术上很有造诣的妈妈对于给女儿编故事这件事却十分紧张，她担心自己讲得不好，以惨败告终。然而当她与其他妈妈们一起，像游戏一般练习讲故事时，她开始放松下来，不再执着于自我判断。一天，她的脸上闪耀着激动和惊奇的光芒，向大家报告说，头天晚上，她的女儿接受了她所讲的故事，好像那就是她一直渴望的。这位妈妈做到了！这只是一个开始，从那以后，她成绩斐然。她学会了如何以及为什么要让直觉引导着她去讲故事。一年以后她成了一位深受喜爱的老师，在她所任教的学校里，她是唯一一个能自己编故事而不是照着书读故事的老师。

把听熟的故事变一下

就像衬衫和鞋一样，讲过很多遍的故事也会磨损。忘掉一个故事，也许三个星期，也许一年，再把它拿回来的时候，它依然完好无损，而且更加饱满，这是一种有趣的经历。可以从一个旧的故事里发展出某个新的角色或事件，就像老树上发出新芽，这可以为老故事注入新的能量。我有一位朋友，她八十多岁的时候以小说的方式描写了自己的童年，其中提到这样一件事：

> 一个雨天，父亲和儿子无法出去钓鱼。儿子想听一个故事，于是他依偎着父亲在沙发上坐下。“哦，我不要听那个老掉牙的故事！”当父亲又一次开始读《小红帽》时，他抗议道。
>
> “但这是世界上最古老的故事呀！”父亲一边说，一边打开另一本书，“每一个国家都有关于这个故事的不同版本。这里是另一个版本，我保证你从来没有听过。她讲的是小红帽的爷爷。”
>
> “她还有一个爷爷？”

于是旧毛线上纺出了一根全新的线。随着故事的进展，父亲和儿子都非常开心。

“为什么你不知道这位老人呢？那是因为他是一个补锅匠，走遍了远远近近的乡村，为人们修补水壶和锅。他有一辆很小的车，还有一头很小的拉车的驴子。车上整整齐齐地摆放着烙铁、小煤球炉，还有各种各样的线和钉子。”故事在继续，有一天晚上，补锅匠梦见一头大灰狼站在他的床前，那是一头非常漂亮的狼，长着一双闪闪发光的眼睛。

狼说：“实际上我们是很温和的动物，但是有一个故事讲到一只狼吃了一个老妇人，从那以后我们就没了好名声。”补锅匠摸了摸狼的头，梦消失了。

男孩伸手去拿父亲刚刚读的那本书，想看看还有什么好听的故事，但他惊讶地发现，书上什么也没写，所有的书页都是空白的。

“爸爸！”他嚷道，“整个故事都是你编的！”

爸爸挤了挤眼睛说：“就算这样吧！但这是一个好听的故事，不是吗？”

当你自己编故事的时候，你手里可以拿一本空白书页的书。孩子们自己也喜欢从精致的没有字的书里讲故事。为了寻找灵感，你可以读一读相同故事的不同版本，例如玛丽安·考克斯[1]在《三百四十五个灰姑娘的故事》中所收集的那些故事。

[1] 玛丽安·考克斯（Marian Cox，1860~1916）：英国民俗学者，著有《三百四十五个灰姑娘的故事》（*Cinderella: Three Hundred and Forty-five Variants*）。——译者注

感官游戏

孩子们愿意品尝真理，愿意嗅取人类善和幸福的芬芳。我一个朋友的祖父是一名退休教师，在我朋友六岁的时候来到他家，和他们住在一起。这位老绅士童年是在英国长大的，他坚信孙儿们应该像他小时候那样，学会用基本的感官去享受世界，因此他总是用游戏的方式去讲故事，用一种特别的仪式来展示各种不同的感官。首先他拉拉自己的耳朵，然后揪揪自己的鼻子、眨一只眼、眨另一只眼、伸出舌头，最后让一条椅子腿着地，整个身体摇摇晃晃地保持着平衡。每一次孩子们都惊叹不已，笑成一片。接下来，他问孩子们愿意玩哪一种感官游戏。如果孩子们说“触觉”，他们就玩“摸瞎子”的游戏。孩子们用一条围巾蒙住他的眼睛，然后用篮子装来各种各样的东西。“不要给我太简单的东西，茶杯勺子之类的！”他要求他们在屋子里各处寻找。孩子们的妈妈帮他们找来通心粉、顶针、穿针器等等。然后孩子们会和爷爷交换角色。

他们还用各种奇怪的声音来挑战对方：轮流闭上眼睛，判断是铅笔敲打玻璃杯的叮当声、在擦菜板上擦胡萝卜的声音，还是节拍器的滴答声。当他们玩“闻东西”的游戏时，孩子们的妈妈会提供香料盒、揉碎的天竺葵叶子、薰衣草等。有一次爷爷拿来一本旧的故事书，着实难倒了孩子们。“尝东西”是孩子们最喜欢的，因为可以品尝各种各样的东西。玩“视觉”游戏时，爷爷会在托盘里摆满各种各样的东西，让孩子们尽情研究，然后用一块布盖上。

作为这个游戏的一部分，爷爷会从自己的旧物件中拿出一些宝贝，逐一讲给孩子们听。有时候他会编一个故事，或者把某个大家所熟知的故事改一改，去烘托他们选择体会的那种感官。我们的嗅觉可以打开所有其他感官，因此可以在故事中加入孩子们特定某一天在户内或户外所闻到的某种味道。

故事和歌曲

这是我姑姑非常喜欢的一句诗：

Start to sing as you tackle the thing

That cannot be done—and you'll do it.

唱歌吧，当你面对不可能解决

的问题——一切将迎刃而解。

音乐能帮助孩子转换。有这样一位母亲，当她的儿子拒绝和她一起去做某种活动时，她就让自己唱一些欢快的歌，有些是小时候学会的，有些是自己编的。这些歌把孩子吸引到新的活动中，单纯的话语却做不到这一点。后来她还学会了通过唱歌把孩子引入和引出故事。

像故事中所有那些引起幸福感的元素一样，音乐能够增强韵律感和平衡感。一组学讲故事的父母鼓励彼此在为孩子讲睡前故事时加入一些歌谣。一位工作的母亲回到家来，像唱歌剧一样把《青蛙王子》从头到尾唱给孩子们听。“我整天都在和成人打交道，我更愿意为孩子们唱出故事来。我发现唱歌不像说话那样让我筋疲力尽。”她说。孩子们对故事已经非常熟悉，有时候也会跟着唱，快乐而陶醉。歌唱使所有人精神焕发，心情也变得好起来。另一位母亲在经过几天的练习之后，向大家报告说：“我让自己在故事开始之前先哼一个简单的旋律，于是空气变得更加清新，我也能够更加自由地呼吸。我感觉自己更能够处于此时此刻。”还有一位母亲说：“我总是活在头脑里，而音乐像一张毯子一样，围绕着我整个身体。它帮我找到我的心和灵魂。简单的音符带着我和孩子去往一个神圣的场所。之后我们记住的更多是旋律而不是情节。”还有一位母亲对故事小组的其他成员说：“现在我意识到，与话语相比，我和女儿吸收起曲调来要更加轻松。当我唱着简单的歌词和旋律时，我会变得更加放松。如果我不知道接下来该怎么讲故事，唱一会儿歌或者轻轻地哼几句就能为我带来灵感。”

一位母亲决定加入一个歌唱小组，以化解从小到大一直难以克服的因不会唱歌而带来的“巨大的尴尬”。当她为孩子们朗读故事时，一个旋律出现在她的脑海中。她鼓足勇气，将故事里一个小小的歌谣唱了出来。当那个歌谣再次出现时，她再次重复了那简单的、三个音符的旋律。孩子们更紧地靠在一起，跟着她唱起来。她惊喜地意识到，她的音乐帮助孩子们加入进来，成为故事的一部分。几天以后，她尝试着编了另一个旋律，三四个滑翔的音符表现了“摇摆的树枝”。没想到这么简单！她创造了这样一个角色：每天他一边唱歌，一边步行去城里，核对村里那个大钟上的时间，然后原路返回。“我喜欢有这样一个固定的模式，”她叹息着说，“不管他遇到了什么烦心事，他总是会继续唱歌。”随着时间的推移，她渐渐有了自信心，开始在日渐增多的观众面前唱出故事的某些部分。“哪怕是现在，看到孩子和家长们是那么尊重和欣赏我的歌唱，我还是会惊讶。”她说，“虽然有时候我会跑调，但唱歌令我们陶醉，把我们的灵魂带到另一个现实里。每当我不知道接下来会发生什么，唱歌都会为我找到下一个灵感。”

一位家长谈到如何在生活中创造音乐，他说：“我喜欢想象月亮对着一块石头或一朵玫瑰唱歌。自然万物不都在歌唱而不是说话吗？我试着创造出各种旋律，描述乌鸦落在树枝上、麋鹿奔跑等。当孩子们和我一起唱着关于星光、云朵和石头的歌，我们是那么快乐。轻柔的歌唱能帮我们感觉到它们那听不见的音乐。”

讲故事的人常常用一种古老的方法来烘托故事里的歌曲和语言，那就是加入乐器。莱雅琴的琴弦轻轻拨动，可以在故事之前、之中、之后加深我们的呼吸。为了帮助我给年幼的孩子讲故事，一位朋友为我做了一把小小的莱雅琴，五根琴弦恰好符合我手掌的大小。很多父母会在故事开始和结束的时候弹奏木琴、摇动铃铛或敲响铙钹。缭绕的余音产生一种仪式感，令人满怀着期待或回味。鼓声能够激发身体的能量，但对幼小的孩子可能会造成干扰，唤醒他们那娇嫩的耳朵的，是人们说话时那微妙的声音。我的小丑娃娃喜欢摇动铃鼓来宣布他的故事。一根木质的竖笛也可以倾吐出简单的旋律，创造出鸟叫声以及风和水的声音。孩子们熟悉一个故事之后，可以给他们一些乐器，或者让他们自己制作一些乐器，例如磨光的石头，或者把雕刻过的木棍绑在一起，然后让他们在故事中加入声音，他们会非常喜欢这样做。在故事的某些部分，大家一起哼、唱或吹口哨都可以带来欢乐。

纯粹的音乐还可以激发孩子的想象力。一位四岁的小朋友喜欢在钢琴上放一些世界名画的画册，然后根据画面的内容弹奏音乐，她喜欢让小鸟、十六世纪的圣母以及各种各样的风景画带着她进行音乐的幻想。一位父亲鼓励两个七岁的双胞胎女儿根据他弹奏的钢琴创作故事，通过这样的游戏，她们培养了对大调式和小调式的敏感，学会了享受音乐和画面的相互交融。

每当故事中有重复的句子，试着用简单自然的调子把它们唱出来。温柔的歌唱可以帮助孩子以及所有成人感觉到石头、植物、动物、云朵、星光以及一切事物那听不见的音乐。你还可以把一些简单的乐器放在篮子里，教会孩子们恰到好处地使用它们，这样他们可以烘托出故事中的关键时刻。

用手和脚讲故事

孩子们非常喜欢模仿。他们模仿我们，跟随故事情节用手和手指做出各种各样的动作，在这样的舞蹈中，故事内容来到了他们的手指和脚趾上。当你根据下图做出一只小兔子，故事便会从你的手上跳出来。

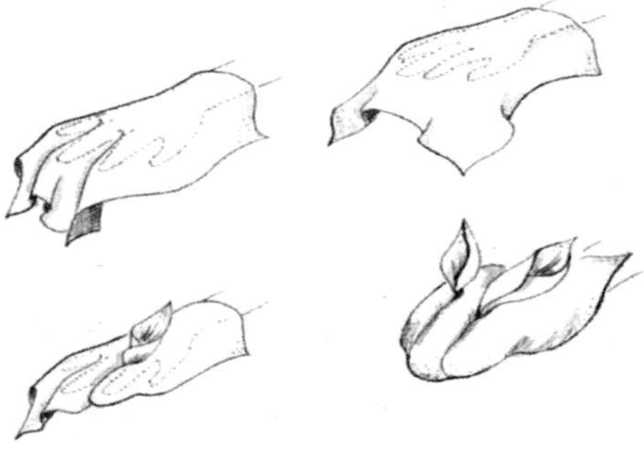

我有一个性格风趣的朋友，她给四个孩子讲故事的时候，会让一个“滴答滴”小姐来帮助她，那是一个掉光了牙齿的瘪嘴老妇人，说起话来一副滑稽的尖嗓音。这位妈妈把大拇指弯过来，贴着手掌，当滴答滴小姐的下巴，然后她把一块手帕系在手上，有时还在指关节上画两个点做眼睛，或者将纽扣嵌在指缝里当眼睛（如下图所示）。滴答滴小姐总是大张着她的拇指下巴，用沙哑的嗓音唱一些傻乎乎的、说教味十足的歌。“她给我们带来那么多快乐！”这位朋友说，“有一天，滴答滴小姐把自己盛装打扮起来，戴上一顶毛线做的白色假发，嘴唇涂得红红的，大家笑得喘不过气来。”由于非常了解孩子们的小心思，她常常这样夸赞他们的行为举止：“哦，这让我想起一个故事……”或者“当我像你这么大的时候……”在睡觉之前、坐火车或汽车长途旅行无法打发时间的时候，他们就会请求滴答滴小姐给他们讲故事。而这位随叫随到的老助手会和孩子们讨价还价：“如果你们按照我说的做，现在就去刷牙，我就给你们再讲一个故事。”

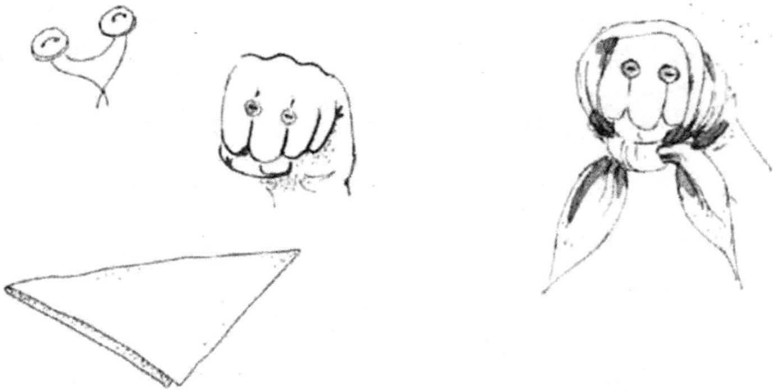

有些父母学会了用毛毡做东西。他们用毛毡缝成小小的偶人，

套在手指或大脚趾上，讲了很多逗乐的故事，孩子们也兴高采烈地模仿着。

画画讲故事

快乐的孩子周身散发着各种鲜活美妙的颜色，各种生机勃勃的颜色围绕着他们。讲故事的时候，我们的每一句话都与颜色的世界相联系。黄色的话语轻盈舞动；红色的话语气势逼人，充满力量和生气；蓝色的话语平缓柔和；蓝色和紫色的话语来自深深的井水中。闪亮透明的话语将精神之光送给孩子。语言的调色板上有各种不同的颜色，就像画家在画布上涂抹不同的颜色，你也可以让你的话语变得温柔、有力、轻盈或充满思考。

我们的话语有四种基本的能量模式，一个故事可以用任何一种模式来讲述。土带来深刻的思考。风带来明亮、轻盈和嬉戏的欢乐。水带来流动、圆润和饱满。火带来力量、生机和权威。我们还可以超越每一种模式，找到一种美妙的平衡，将所有四种模式都融合在一起。

你的孩子有自己的个性和气质，而你也是如此。几个父母在一起尝试创作不同色彩的故事。我建议说："在故事开头，你可以让自己声音里传达出来的能量与孩子的主导心情相吻合，以此吸引他的注意，获得他的信任。然后你可以让故事慢慢朝着和谐、平衡的方向去发展。"小组成员思索着自己孩子的能量和色彩，故事随之降临。一位母亲和她六岁的爱发脾气的女儿一起，在纸上涂了一道又一道的红色。然后她开始讲故事："从前有一位公主，名叫鲁比[1]。她的头发像火一样红。她是一个大美人，但脾气也不小。”边画画边讲着故事，母女二人都渐渐平静下来。最后她们画了一抹漂亮的、令人心旷神怡的绿色，对红色起到了平衡作用。在绿色的影响下，她用更加平衡的语言结束了故事，对此她和女儿都非常惊喜。

农夫和公主掬起碧绿的溪水，洒在自己身上，然后手牵着手，勇敢地穿过了熊熊燃烧的烈火。当他们到达火堆的那一边，他们面前长出了一株美丽的红玫瑰。

摘下玫瑰吧！

你们很快就会结婚，

温柔的绿

和热情的红。

国王非常高兴地迎接这对恋人，祝福他们，从此以后，他们幸福平静地生活在一起。

一天下午，另一位母亲和孩子们一起在纸上涂满了黄色。她想创造出一个故事，用词语和画面的舞蹈来反映他们的画。过了一会儿她说：

从前有一片黄色的土地，那里有连绵不绝的山和一片片的草地。那里生活着很多男人和女人，女人们无忧无虑，一

[1] 鲁比（Ruby）：在英语中有“红宝石”“鲜红色”的意思。——译者注

边唱歌一边洗衣、做饭、打扫卫生，生活里充满了欢笑。男人们勤劳地工作着，种田、粉刷房屋、开着牛奶车送牛奶，除了吃饭并感谢美味的食物，他们很少停下来休息。孩子们快乐地奔跑、捉迷藏，或者爬到大树最高的枝头上。

她的脑海里有那么多黄色，于是她开始渴望另一种平衡的颜色。她给了孩子们一些紫色的水彩和蜡笔。过了一会儿她结束了这个故事：

大地终于休息了。月亮那紫色的光芒静静地笼罩着大地，保护着它，给它力量，这样明天它又可以开始忙碌的一天。

在勾勒和涂色的过程中，我们培养了对形状和色彩的敏感。成人稍作指引，孩子们就能辨认出色彩所包含的各种不同的情感。一株悲哀的、害羞的或拥挤的树都有自己的故事要讲。太阳升起的时候，树木、山脉和花朵会一起舞蹈，庆祝新的一天。与亲爱的父母或朋友分别之后，彩虹会闷闷不乐地藏在云朵之下。如果孩子的年龄特别小，还可以赋予蜡笔生命，在纸上呈现出自己所代表的现实。你可以和孩子一起，让一支大大的金色蜡笔做“太阳爸爸”蜡笔，它醒来，在纸上留下一片闪耀的金色。一支小小的小鸟蜡笔从空中飞到纸上；一支小虫蜡笔一扭一扭地出来散步。水彩笔或蜡笔一上一下地运动着，可以是一棵树慢慢朝着天空爬去，也可以是一株急切的豌豆藤，或是一株水仙垂下头来。蜡笔或水彩笔的每一下笔触、方向和力道都在诉说一个无声的故事。你选择的颜色可以躲藏、入睡、伸展、攀爬、爆发、微笑和舞蹈。

画画还可以培养对整个故事基本结构的理解。画出三张画，分别代表故事的开头、发展和结束，把它们订在一起，做成一本小书，就可以用来复述整个故事了。我发现，一边讲故事一边将故事中的图景变成一幅简单、清晰的画，这可以培养孩子的形状感。当他们试着自己亲手用各种色彩去描述动物、植物、人的姿态的时候，他们的想象力变得活跃起来。我喜欢使用蜡笔粗的一头，或者用粗毛笔去画画，这样孩子们无需费力寻找准确的轮廓和比例，他们暂时还不具备、也不需要具备这样的技巧。用粗毛笔画出的画也可以帮助他们将自己的画作为一个整体去感受。

想象自己处在黄色、红色、蓝色或绿色的光中，直到感觉它们充满你的呼吸，弥漫在周围的空气中。现在讲一个故事，描述那种色调的一个角色。让你的思维和感觉编织出与那种色彩一致的语言。观察孩子如何适应不同的色调。

木板游戏

在你的帮助下，孩子们也可以把故事变成木板游戏。这可以加深孩子对故事模式的了解。当他们在木板上画出故事场景，沿着木板上的路径移动那些小小的角色，他们会一次又一次地加深对故事细节的体会。木头或蜂蜡的骰子以及数字旋转器都很容易做。

《三只熊》或《三只小猪》等深受喜爱的故事可以做成多人一起玩的木板游戏，让孩子们获得直观感受。不管是大人还是小孩都会乐在其中。有一家人特别喜欢玩木板游戏，从三岁到九岁不等的几个孩子和妈妈一起，兴致勃勃地做了一个木板游戏，好在圣诞节的时候和朋友们一起分享。他们很喜欢《圣诞女巫》[1] 的故事，于是把故事中的主要事件画在一张大大的纸上，然后用胶粘在木板上。他们用土豆刻成的星星形状的印章，把圣诞女巫所经过的路径印在纸上。

另一家人把《亨舍尔和格莱特》[2] 做成了一个很大的木板游戏，在木板上画出了孩子们穿过黑森林时所走的路径。他们做了一个立体的女巫的炉子，炉子里有火焰在跳动，那是用染为橙色的羊毛做成的。亨舍尔和格莱特、母亲和父亲、巫婆和白鸟都用蜂蜡捏成，放在扁扁的纽扣上，这样可以稳稳地站立。这是一个多人游戏，规则非常简单：每掷一次骰子，玩游戏的人可以沿着路径移动任何一个角色，直到孩子们骑在鸭子背上，回到湖水那边他们心爱的父亲那里，这时游戏结束。

舞蹈

敏感的孩子喜欢模仿周围的各种动作。翩翩旋转的树叶、拍打

---

[1] 《圣诞女巫》也叫《贝法纳女巫》(*Old Befana*)，是流传在欧洲——特别是意大利——的故事。相传三位牧羊人得知耶稣诞生，就请贝法纳女巫把一份礼物送给耶稣。女巫有一颗星星为她指引方向，但她中途遗失了这颗星星。从此女巫就一直骑着扫把在天上飞，把礼物送给每家每户。因为她觉得，如果每个小朋友都得到了礼物，耶稣应该也不会例外。——译者注

[2] 《格林童话》中的一篇。亨舍尔和格莱特是贫苦樵夫的一对儿女，父亲和继母不堪生活重负将他们舍弃在森林里，他们在森林里迷了路，被女巫捉住，最后他们用自己的智慧战胜了女巫，回到父亲身边。——编者注

翅膀的乌鸦、跳来跳去的蟋蟀、奔跑的狗，自然界中引起他们的注意的任何一个动作都可以成为故事生动的起点。

一只白猫每天早晨都来到池塘边喝水。一个夏天的早晨，一位妈妈决定把这熟悉而可爱的一幕变成想象："从前，一只白猫从生命之泉中饮水。"三个七岁的女孩是好朋友，她们把这只猫想象成一个中了魔法的公主，做出猫的各种动作，演了一个长长的故事。她们的演出持续了好几个小时。她们找来飘垂的布、大黄的叶子以及各种其他道具来烘托自己的舞蹈。傍晚时分，女孩们请来自己的父母观看她们的演出。她们轮流念出故事情节，另外两个则用舞蹈把它演出来。

我的一个朋友和她的孩子们以及孩子们的朋友一起，把《老爷爷种下一颗萝卜籽》演了出来。每一次，被选中当萝卜籽的孩子坐在那里，被选中当老爷爷的人则拍打着种籽周围的泥土。大家一起唱：

老爷爷种下一棵萝卜籽，嗨哟嗨哟，
深深地埋在泥土里，嗨哟嗨哟。

【老爷爷用手势表示萝卜长大了。大家一起唱：】

萝卜长得可真快，
又大又甜人人爱。

【老爷爷把手搭在“萝卜”的肩膀上，要把它拔出来。】

老爷爷跑去拔萝卜，

嗨哟嗨哟，萝卜拔不动。

老奶奶，快快来，快来帮我拔萝卜。

嗨哟嗨哟，嗨哟嗨哟

萝卜还是拔不动。

【老奶奶把手搭在老爷爷的肩膀上，用力拔萝卜。他们轻轻地前后摇摆，招手呼唤一个小孩。】

老奶奶呼唤小孙子，

小孙子，快快来，快来帮我们拔萝卜。

嗨哟嗨哟，嗨哟嗨哟，

萝卜还是拔不动。

小孙子呼唤小花狗，小花狗呼唤小花猫。

小花猫呼唤小老鼠：

小老鼠，快来帮我们拔萝卜。

小老鼠们跑来了，一个、两个、三个，

大家一起用力拔萝卜。

嗨哟嗨哟，嗨哟嗨哟，嗨哟嗨哟，

这下萝卜拔出来咯！

【小老鼠加入队伍，大家一起跌倒在地上。】

啦啦啦啦啦啦啦啦

啦啦啦啦啦啦啦啦

游戏结束了，大家一边唱歌一边围成一个圈，重新恢复秩序感。有时候，小区里的很多孩子都来到门外，于是妈妈帮助他们选出更多的萝卜和老爷爷，让他们形成自己的游戏小组。

另一位爱跳舞的妈妈为孩子们最喜欢的故事设计了各种各样的动作。他们表演《鞋匠和小精灵》[1]，假装用长长的线缝鞋子，大声或轻声地数着针脚。她和孩子们都喜欢动作欢快、脚步轻盈的小精灵。她想象小精灵们如何来到鞋匠的小屋，如何做好准备工作，如何帮他做鞋，如何悄悄离开。妈妈和孩子们一起创编小精灵的舞蹈，一次又一次地重复着。他们还在自己的起居室里把《小红母鸡》[2]排成舞蹈，大家很快就熟悉了其中的每一个动作，甚至最小的孩子也是如此。故事变成一串串流畅的动作，这时候妈妈和孩子们是最开心的。他们家有一个朋友是拉小提琴的，有时候她自告奋勇为大家演奏背景音乐。在万圣节前夜，这位朋友拉出吱吱嘎嘎的调子，

---

[1] 《格林童话》中的一篇。故事主要讲述了善良、穷苦的鞋匠夫妇在生活无望的时候，从天而降的两个小精灵每到夜晚就帮助他们做鞋，而鞋匠夫妇也知恩图报，过上了好日子。——编者注

[2] 《小红母鸡》(*The little Red Hen*)：一个古老的民间故事，最早可能来源于俄罗斯。——译者注

在音乐的伴奏下，从不刷牙的小巫婆和小巫师们穿着异国风味的服装，歪歪扭扭地骑着扫帚，搅拌着锅里的粥，吧嗒吧嗒地吃着虫子，把青蛙和蜘蛛扔进他们的袋子。

演戏

复述故事可以是一件非常隆重的事情。有一位妈妈，她的孩子们请求她在他们摇铃示意之前不要走进房间。当她终于被允许进入房间之后，她发现所有的孩子都穿上了相应的服装，扮演成故事里的角色，专心等待着故事开始。她意识到，他们希望以这样一种仪式来倾听她将要讲述的精彩故事。

只需要一点点鼓励，孩子们就会非常轻松地把故事变成演出。通过这样的扮演，他们逐渐为今后内心和外在生活中将要发生的种种真实故事做好准备。他们表现出故事里不同的角色和场景，进入故事当中，让故事成为自己的一部分。一位年轻的父亲决定安排好自己的时间，这样他一周可以有三个上午在家里陪伴孩子。短短几个月的时间里，他惊讶地发现，故事能带来那么多的灵感。他愉快地承认："画面在所有家庭成员之间流动，我从中也受益颇多。"

准备一些简单的五颜六色的服装、一篮子可以轻松戴上和脱下的帽子，孩子们很快就能学会扮演故事中的任何一个角色。一位带着孩子们在家上学的母亲，每次给孩子们读过一个故事之后，他们都会把它演出来。她在起居室橱柜里慷慨地留出一个角落，用来放各种稀奇古怪的玩意儿：鞋子、面纱、棍子、用来搭建茅屋或宫殿的可以折叠的盒子。孩子们热切地分配着角色，妈妈复述故事的时候，他们就扮演出这些角色，或者把它们分配给屋子里的某样东西：一把扫帚充当金鸟，梯子充当树，盖着一块布的台灯当山脉。有时候，当爷爷奶奶叔叔婶婶们来家里做客的时候，妈妈会说："孩子们，给我们演一出戏吧！"然后给他们一两顶帽子，一个装满道具的盒子，孩子们就用这些道具装扮起来，演给大人们看。

如果父母也能参与演出，他们就能体会到分享儿童世界的快乐。孩子们常常会让大人扮演那些令他们害怕的角色。为了庆祝万圣节，几个家庭共同准备了一次盛大的故事游行，他们穿上木偶剧服装和面具，分别扮演格林童话《狼和七只小山羊》中的不同角色，一边快乐地唱着歌，一边穿过小区。几个大人扮成狼，所有的孩子都戴着羊的面具，那是他们亲手制作的。父母们拿着明亮的电筒，孩子们雀跃着、舞蹈着。这个故事为整个夜晚带来一种节日的气氛。很多邻居都走出家门，入神地观看着这秩序井然、快乐而富有感染力的一幕。游行的最后一个节目是聚餐，每个家庭都带来了一份拿手好菜。

两个美国家庭决定去萨尔瓦多旅行，两家的孩子大的 12 岁，小的 5 岁。他们连续好几年夏天观看了一个大型木偶剧团的户外演出，这些美轮美奂、富有感染力的节目给他们留下了深刻的印象。孩子们想在旅途中为其他家庭奉上一些好玩的东西，于是决定排一出自己的木偶剧——《三只山羊嘎啦嘎啦》，一个有着微妙政治寓意的故事。他们用西班牙语排练，在出发之前做好了简单、易于携带的山羊和怪物的木偶，还画出故事里的风景作为背景幕布，可以挂在晾衣绳上。一个移动剧院就这样做好了。在村庄里旅行的时候，很容易找个地方布置起来。孩子们还用一盏靠电池供电的灯来进行舞台照明。每次山羊过桥的时候，村里的孩子们都会加入进来，齐声唱出那首“嘎吱嘎吱”歌，欢乐是没有国界的。

你也可以和亲戚或邻居家的小孩一起把故事演出来。做一些手绘的请帖发送出去。烘烤一些美味的、与故事情节有关的点心，例如王冠形状的蛋糕。做一些简单的偶人来扮演故事中的角色，或许还可以用色彩缤纷的布做舞台背景。演出可以培养孩子们的想象力和组织能力，促进各种技能的发展。

刺绣和缝纫

一位母亲很喜欢一边看着孩子们玩耍一边缝东西。她想制作一些壁挂给两个女儿做生日礼物，于是她用各种颜色的毛毡、丝绸和棉布，拼出她们最喜欢的故事里的角色和场景。她耐心地一针一针地缝着，孩子们围在她身边观看，听她一遍遍复述着自己想用针线表现的故事，很快就把所有情节记在了心里。后来，两个女儿长成了亭亭玉立的大姑娘，还坚持把这两幅壁挂挂在房间里。

各种各样的娃娃、布偶和服装可以拓展孩子的想象空间，赋予他们想象的质感。简·弗赖尔[1]所著的《玛丽·弗朗西斯的缝纫书》将缝纫课变成了一个长长的故事。顶针人和缝纫鸟通过各种谜语、歌谣和异想天开的对话，让一个小女孩领略到缝各种针脚的快乐。

[1] 简·弗赖尔（Jane E.Fryer，1876~？）：美国人，写过一套以玛丽·弗朗西斯为主角的编织书、缝纫书和烹饪书，包括后文提到的《玛丽·弗朗西斯的缝纫书》（*The Mary Francis'Sewing Book*）。——译者注

他们还教会她如何根据图样制作各种漂亮的服装和帽子。书中有很多可爱的角色，包括哈哈笑的针插、跳舞的别针、缝衣针和纽扣等。

故事围裙

故事围裙可以为孩子们带来最初的故事体验。围裙口袋里藏着各种宝贝，它们出现，然后消失，就像回到幕后一般。故事围裙象征着孩子心中所隐藏的一切，一个简单的围裙能够帮助你庆祝节日、生日或其他特别的时刻。

一位喜欢戏剧艺术也喜欢缝纫的妈妈在几年时间里为自己以及女儿们做了好几个这样的围裙。孩子三四岁的时候，她把口袋做成各种各样的形状，每一个口袋里装上相应的内容：蛋形的口袋里装着母鸡，绿色的树形口袋里装着小鸟，奶白色的口袋里装着奶牛。有一年，春天来到的时候，她在围裙口袋里装满了铃铛、小鸟和花的形状的手指偶，每一个指偶都有自己的故事和歌曲。这年秋天，另一位母亲也做了一个围裙，小小的口袋里装满种子、蝴蝶和其他秋天的小玩意儿，随着她的故事逐一出现。这位母亲还用毛毡做成蚯蚓和昆虫，装在围裙口袋里，在她为儿子们唱歌、讲故事的时候，它们可派上了不少用场呢！

一位母亲用厚实的棉布设计并缝制了一条围裙，上面有大大的口袋，可以容纳各种不同颜色的围巾。讲故事的时候，这些围巾可以变成故事里的场景——红色的围巾是冉冉升起的太阳，蓝色的围巾是波涛汹涌的大海，玫瑰色的围巾是风中漂浮的云。故事结束了，这些缤纷的色彩也就回到了原来的口袋里。孩子们和朋友们自由的想象给了她灵感，她决定缝制一条深蓝色的“午夜围裙”，上面有十二个口袋。在“圣诞节十二夜”中，每个口袋里都出现了一个礼物——牧羊人的羊、星星形状的石头、口琴、杂耍球——在这些神圣的夜晚，每一个礼物都带有自己的故事。

故事口袋和故事篮子也有异曲同工之妙，你可以应孩子们的请求从里面掏出各种不同的故事。可以在一个大篮子的边缘缝上几个口袋，我们需要用的东西可以在里面休息——例如一个远方亲人的照片，或者代表其他重要人物或重要地点的物品——当故事时间来临，它们会时不时地浮出水面。一位父亲把他的工作围裙改成了一个魔术围裙，孩子们对于哪一个口袋里装着什么魔术早已了如指掌，他们会指着某个口袋，要求父亲玩某个魔术。然而“魔术大师”的魔术像偶人一样，有他们自己的生命。当魔术出现时，父亲会仔细倾听和观察，然后告诉孩子们“这个魔术希望你们首先猜出我这个故事里的谜语”或者“这个字谜希望我先给你们讲一个非常神秘的故事”。

不管你是使用故事围裙，还是把故事藏在篮子里用一块布盖上，或者把故事藏在口袋里，都可以帮助孩子们开发和组织他们的想象。最好把成人用来讲故事的东西分开保存，这样孩子们可以用他们自己的方式，自由地模仿成人的创造力。

你可能会问的问题

1. 你是否相信自己会讲故事？

作为父母或祖父母、外祖父母，讲故事是你与生俱来的权利。

不要放弃！只要多加练习，故事和孩子会带给你越来越多的自信。

2. 你是否会因沉迷于故事而未能触及孩子的心灵？

请记住，故事是属于每个人的。

3. 你是否会担心自己讲的故事比不上书上的故事？

谁不想把最好的东西给孩子呢？当你努力创作时，孩子们会感觉到你的真诚。你的努力折射着他们内心的成长和努力，他们喜欢你这样做，喜欢从中品尝生活的滋味。就像学习演奏乐器一样，学习讲故事也是一个循序渐进的过程。因为追求完美而产生的恐惧需要我们一次一次去努力克服。

4. 你是否感觉自己讲了太多的故事？

让故事时间成为每天、每周、每月、每个季节的固定节目。唱歌、哼歌、织毛衣、烤点心、锯木头、造房子、修补东西，各种各样的活动都以一种无声的韵律包围着孩子们，满足他们每天与你在一起的愿望。

5. 你的孩子是否需要更多的书？

把书上的故事复述给孩子听，有时可以用自己的语言复述。和孩子一起，把他们已经熟悉的故事做成书。在做书的过程中，你亲手写字、画插图，这可以帮助他们了解一本书令人惊讶的问世过程。不慌不忙地去做一本书吧，这可以锻炼孩子们手眼协调的能力，激发他们的创造力，还可以帮助他们的身体和心灵从每一个优秀的故事中汲取养分。

6. 你的孩子是不是更喜欢读和写，而不是听故事？

孩子们总是自然而然地模仿周围的成人。多和那些用手和身体工作的人接触：杂货店老板、建筑工人、舞蹈家、音乐家、园丁、果园主人、喜欢动物的人……让孩子们给他们写一些亲切而充满童趣的卡片、信，或者以他们为内容做一本书。

7. 你觉得你的声音足以满足孩子的需要吗？

让你的声音成为爱、真、勇气和欢乐的乐器吧。专注于你所说的每一个字，尤其在讲故事的时候，享受你的声音所激发出来的深沉的投入感和冒险精神。通过故事，我们发现我们的生活和语言中充满了创造力，发现我们的心灵是那么宽广。

第四章

关于成长和改变的故事

那么，善待今天吧。

——梵语赞美诗

智慧来自于经过消化的人生经历。

——埃里克·埃里克森[1]

[1] 埃里克·埃里克森（Eric Erikson，1902~1994）：美国心理学家，提出人的一生要经过八个心理成长阶段。——译者注

给未出生宝宝的故事

很多证据表明，在出生之前，孩子们就已经受到其父母行为、态度和思维的影响。让孩子置身于故事的摇篮中，究竟会不会太早？即使是尚未出生的孩子都可以从有智慧、可信赖的成人那里获得温暖和爱。关于一条毛毛虫、一颗发芽的种子，或者一个鸡蛋，可以对孩子说些什么呢？

作为成人，大多数人都感觉到自己与那些有关我们过去、现在和未来是谁的故事息息相关。然而在孩子出生之前，我们可以有机会讲一讲人类的家庭，带着尊敬和希望向他们讲述我们的家人。如果我们的讲述清晰、温暖，洋溢着亲切和慷慨，孩子们的心灵将会从中受益，此类态度也会深深驻扎在孩子们的内心。

为了召唤爱和创造精神，路易斯·麦克尼斯[1]倾听即将降临的孩子的心声，写下了《出生之前的祈祷》：

[1] 路易斯·麦克尼斯（Louis MacNeice，1907~1963）：爱尔兰诗人、剧作家。——译者注

我还未出生，请让世界充满
与我嬉戏的水、为我生长的草地、与我交谈的树、
为我歌唱的天空，让鸟儿和白光
在我内心深处引导我。
我还未出生，哦，请让我充满勇气
去抵挡那些
令我人性冻结的人们……

美国的父亲和母亲们经常邀请“讲故事爷爷”蓝调大哥以说唱的形式为即将出生的孩子的灵魂讲故事：“我在你妈妈身上看到了你，小水手。上帝正在讲述你的故事。”伴随着欢快的、光芒四射的爵士乐，他歌唱等待着迎接孩子、与他们一起玩耍的这个世界，歌唱围绕孩子的爱：“你可以和所有的一切玩捉迷藏——星星、树、大海。”他低声吟唱各种各样的生物、植物和大地，它们都在谦卑地等待着孩子的降临。

很多父母感觉到胚胎里的孩子正在孜孜不倦地学习，于是他们默默地或大声地对孩子说话，或朗读给他们听，有的父母不止使用一种语言，他们认为这些语言对孩子来说都是重要的。在儿子尚未出生之前，一位大提琴家每天练习自己非常喜欢的一首协奏曲。孩子长大以后成了一名指挥家，他发现自己从未研究过母亲怀孕时练习的协奏曲，但对这支曲子却了如指掌。

我最近参加了一个活动，各个年龄段的成人围成一圈，为一个初为人母的妈妈以及即将出生的宝宝准备各种各样的礼物和故事。

我们每个人都应这位母亲的请求，仔细思考了自己和她的关系。在圆圈的中央，放着各种各样的野花以及人工培育的花朵，还有许多精心挑选的物品。年轻母亲的身边，放着家里祖传的老摇篮。我们每个人轮流回忆与她共度的时光，勾勒出她所呈现的母性特质——耐心、幽默、慷慨、机智，我们的故事引起一阵阵的欢笑、眼泪，触动每个人心底最柔软的地方。我们当中有一个人写得一手好字，于是被选出来充当书记员，在一条宽宽的缎带上写下了我们所提及的每一种品质。我们说完后，母亲、祖母、阿姨、婶婶以及其他客人将她们的礼物放入摇篮，那条写满宝贵字词的缎带也一同放入摇篮。你也可以为自己的新生宝宝或不幸夭折的宝宝准备这样一个仪式。

最初的年月

每一个新生命的降临不仅代表着非常个人的体验，也是人类历史的伟大延续。亚历山大·艾略特[1]在《人类共同的神话》一书中介绍了奥色治印第安人的一种习俗。部落中每当有婴儿降生，他们会叫来一个“曾经与神对话”的人，为婴儿吟诵神创造宇宙的故事。当婴儿开始喝水，之后开始吃固体食物的时候，这位讲故事的人会再度拜访，分别讲述神创造水的故事以及谷类起源的故事。今天此

[1] 亚历山大·艾略特（Alexander Eliot, 1919~　）：美国学者、作家，著有《人类共同的神话》（*The Universal Myths*）等。——译者注

类仪式已经很少见，讲述宇宙故事的人也不多了，但我们可以自己创造出这样的仪式和故事。

新生儿日记

一位母亲决定做一本书，记录下每个孩子在自己肚子里以及出生以后的时光，尽管当时她身边并没有一个受过讲故事训练的人，无法得到这方面的支持。最初她想到日记，是希望在孩子未来有自己的孩子时送给她。“你来了！”第一篇日记以这样一句深情的话开始。她记录下怀孕期间吸引自己的艺术和思想，记录下她的祈祷、沉思，她读的书，她的产前生育课，以及女儿的出世过程。后来，这些宝贵的记录在她和女儿之间引起许多发自内心的对话。第二个孩子是男孩，她用金色字体在日记本开头写下这样的话：“我要在这本书里记下你的诞生所带给我的神秘的快乐。我希望有一天，你能了解那些降临又逝去的时刻。我希望你知道，我只是你诞生的媒介。愿你永远都能自由地成为一个个体。”当小宝宝们开始学走路的时候，她记下了发生在他们身上那些令人莞尔或考验人的小小事件。有些篇章是在疲惫却充满爱意的时刻匆忙写下的，然而在后来的岁月里，每一篇日记都成了珍宝。

另一位母亲收养了一个九个月大的孩子莫丽。她来到家里之后，母亲决定从现在起就记录下她生活里的故事，以后给她看。几个月之后，她做了一个和女儿很像的布娃娃。孩子学会了为这个小伙伴熨衣服、缝衣服，她们穿着相似的衣服，一起去户外玩耍。散步之后，妈妈和孩子一边唱着歌，谈论着马、云朵、四季的花和树，一边在书里画出她们所看到的一切，然后妈妈在书里记下她们最喜欢的景色和声音。有客人来的时候，小姑娘会问：“你要看一看莫丽的书吗？”然后她一边翻书，一边为客人复述她和母亲以及最心爱的娃娃一起所做的冒险。

对于年幼的孩子来说，故事是活生生的体验。我们很容易忘记一本书是多么抽象，距离它所代表的事物是多么远。成人已经习惯了干巴巴、四方方的纸页上那些机械印刷的文字，因此很容易忘记孩子们把文字当做有生命的东西来体验。任何东西都可以成为他们玩耍的内容，变成一个故事，无论是否以书面形式写下。在他们的视界萎缩成印刷的书页之前，他们喜欢讲和听的，是与他们所看到的一切有关的故事，他们还喜欢“阅读”呈现在自己眼前的各种物体——橡子、石头、羽毛……

使用针线和彩色的缎带，把你自己的画以及孩子的画订成一本无字书，这样的过程会带来快乐和无穷的收获。我有一个很有艺术天赋的朋友，她意识到她的女儿根本不需要通过书面的文字去享受故事。她用非常简单的水彩画，画下女儿喜欢的地方以及她的动物朋友们，后来，她把许多张这样的画用胶水粘在一起，折叠成手风琴的样子，成为一本书。这本书几乎和孩子一样大，一样高，结实的纸页上是五彩缤纷的画面。她把书打开，在地板上围成一圈，把女儿围在中间。妈妈围着书转，娓娓动听地讲述着每一幅画面。很快女儿也模仿得惟妙惟肖，有时候在画页中间转来转去地讲故事，有时候则像妈妈一样，迈着优雅的步子，在书页的外面转着讲。

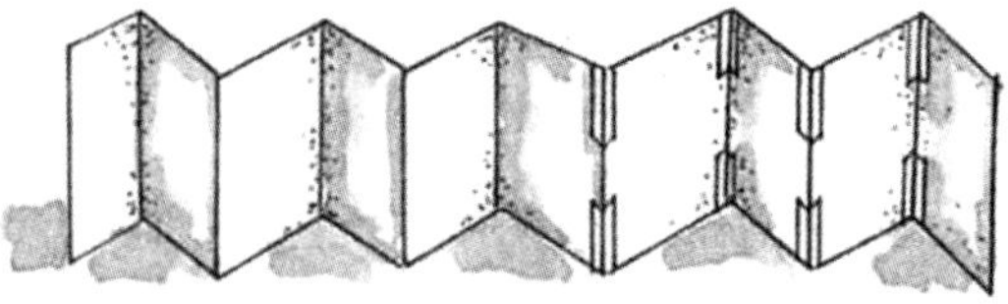

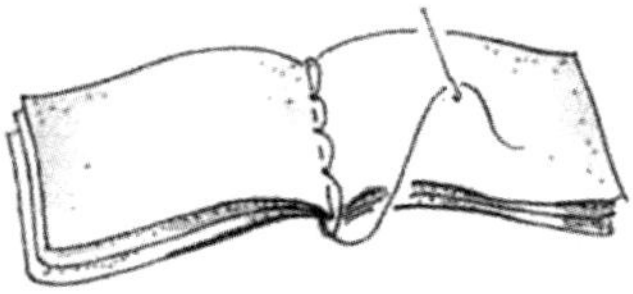

独立和交融：我们同处一个世界

和孩子一起，充满敬意地臣服于自然的真实，无穷无尽的画面会随之而来。我们越来越熟悉石头、植物、动物以及人类的活动，我们看到水晶上的彩虹、山楂树上的蓓蕾和猫咪那金黄的眼睛。想象力被唤醒之后，我们的感官便自然而然地和我们的想象力一起踏上发现之旅。

美国有一本非常经典的书，叫做《欧派尔的故事》，描述了孩子们为世界上的一切命名并与它们交朋友的愿望。欧派尔是一个天资聪颖的孤儿，她挚爱的父母留给她一本书，于是她用书里的名字来称呼自己的动物朋友。她最喜欢的老鼠叫费利克斯·门德尔松[1]，她

[1] 费利克斯·门德尔松（Felix Mendelssohn，1809~1847）：德国著名作曲家。——译者注

心爱的小猪叫彼德·保罗·鲁本斯[1]，她的马叫威廉·莎士比亚。她用七岁孩子独特而充满诗意的笔触描写了田野里一次孤独的散步：

我总觉得，这些马铃薯知道星星上的歌谣。晚上我曾经在田野里看星星，我看见星星温柔地照耀着它们。我也曾穿过一畦畦的马铃薯，我看见它们的叶子上闪耀着星光……

我心里难过的时候就和树谈心。我叫它米迦勒·拉斐尔[2]。从谷仓的屋顶上使劲一跳才能跳到它的手臂上。蜷缩在米迦勒·拉斐尔的怀里是多么舒服呀！它是一颗了不起的树，它懂人的心思。

[1] 彼德·保罗·鲁本斯（Peter Paul Rubens，1577~1640）：弗兰德斯画家，巴洛克艺术的代表。——译者注

[2] 米迦勒（Michael）和拉斐尔（Raphael）是四大天使长中的两位。——译者注

从出生开始，孩子们就自然而然地亲近那些彼此相爱、彼此关心的人们。我们可以把太阳、月亮、地球和星星描述为相亲相爱的一家，围绕在他们身旁。孩子们对自然环境正变得越来越敏感，今天，甚至很小的孩子都感觉自己是属于全世界的，与整个地球、地球上整个人类大家庭以及围绕我们的星系密切相关。如果我们愿意不带成见地去倾听，他们会向我们讲述这一点。我至今清楚地记得，我和我弟弟小的时候曾经找了一个地方，想在那里挖一个洞，一直挖到地球另一端去。我们好像看见了一个小朋友——他将是我们的新玩伴——的头发从脚下的泥土里露出来，像一朵奇怪而友善的花，那种欢喜之情到今天还记忆犹新。

故事里原型式的语言可以很自然地拓宽我们的心灵。当你给孩子讲故事或读故事的时候，想象自己同时在与全世界的孩子分享故事。一位华裔美籍故事家说，小时候她母亲为她讲了很多西方的故事，就像在花园里播下种子，在她动荡不安的童年，这些故事帮助她成长，帮助她适应各种不同的文化。现在她对各种文化都非常敏感，她的经验证明，广泛倾听各种不同的内容——哪怕在很小的年龄——会在今后的人生中结下果实。很多父母相信，孩子应该从小就听来自世界各地的故事。当然，学会理解这些故事是一生的功课。年幼的孩子可以陶醉在字词和音乐中而无需理解它们。月复一月，年复一年，他们的耳朵逐渐学会分辨语法和意义、语言和文化。没有人可以预料孩子将如何从那些富有音乐性和民间智慧的故事中吸收养分，进行再创造。

故事帮助孩子健康成长

脆弱的时刻是成长的时刻

在童年的特定时期，会有一种追求独立的复杂驱动力，原有的安全模式会随之打破。当孩子们推开成人，他们常常体验到成人的排斥——而此时，他们恰恰需要感觉到我们对此是接纳的。很多时候，成人的不安全感和无力感都来源于这样的时刻。有一次我去拜访一个朋友，他的儿子很快就满七岁了。进入房间的时候，我感到屋子里洋溢着强烈的保护氛围和婴儿出生的气氛。她用一张温暖的毯子裹住儿子，一连几个小时把他抱在怀里，给他讲故事。原来，他试着把自己大大的身体蜷缩到妈妈的怀里，而妈妈敏感地觉察到这一点，并给予耐心的回应。他并没有生病，却想把自己裹在一张旧毯子里，让妈妈长时间抱着，像在子宫里那样，或者像新生儿那样被呵护着。妈妈并没有因此而让他感到尴尬。他首先要求妈妈讲一讲自己出生的故事，然后希望听到自己小时候的故事，包括他所做的一切好事和坏事，还让妈妈回忆他小时候喜欢听的故事——不是书上的故事，而是妈妈自己讲给他听的故事。现在这个孩子已经成长为一个内心坚定的少年，在学校里他是天生的领导，善良又富有见解，能够耐心地记住其他人忘掉的事情，对于未来怀着温暖乐观的态度。

并非所有孩子都有幸被自己的“故事妈妈”所拥抱，在关键的转折点获得帮助，去回顾自己的生命历程。不过，孩子每隔一段时间就需要和大人一起追溯自己的生命，为新的成长做好准备。他们有时更加依恋父母，有时又把父母推开，两种状况交替出现，这时候他们需要的是温暖、耐心的理解和关切的话语。在成长过程中的某些阶段，他们似乎沉入一种深深的、保护性的睡眠中，在另一些阶段他们又变得特别开放和敏感。当他们把自己缩起来，躲藏起来，梦想着未知的时刻，他们需要更多的睡眠、庇护，需要自己的天地和简单朴素的生活。像我们每个人一样，当旧的一切不可避免地逝去，他们会感到深深的悲伤。在我二十一岁的时候，我感觉自己在经历一种复杂而又不可阻挡的变化，我渴望穿着黑色的衣服，静悄悄地躲在自己的世界里，于是我给自己织了一块黑色的披肩。我就像一只将要破茧而出的蝴蝶，藏在黑暗的蛹中，执着守候着关于未来的那一份悸动。自然界中许多生机勃勃、令人安慰的画面也向我们展示着此类过程。当我们从自己的天地中走出，不再紧紧缩在一起，就好像旧的皮肤已经退换完成，或者蛋壳已经被啄破。

成长是一个漫长的冒险故事。在故事中揭示出自然韵律中所蕴涵的真理可以帮助孩子前进。在他们大大小小的螺旋状的成长轨迹中，我们可以观察到一种美丽而复杂的成长的节奏，让这种节奏停留在我们的想象中，这可以支持孩子的成长。在孩子的成长道路上，创造力和破坏力都有其各自的作用，前者建立和维持，后者则将旧的摧毁。我们可以攫取大自然中的素材，吸收传统故事中描写诞生和蜕变的画面，创造出自己的故事，去支持、激励并帮助孩子接受成长过程中的每一个阶段。如果成人带着开放的心态和真正的兴趣，沉浸到童话故事和民间故事中去，倾听的心灵一定能带着他们，穿越疲惫的时空，来到图画语言依然完好无损、充满生机的国度。从这些古老的画面中，全新的故事会自然而然地诞生，既包含旧的元素，又富有新的内涵。

有时候，还不适合听童话故事的小孩子会在梦中生地动描绘出他们所经历的变化，梦中的画面有的充满活力，有的则令人不安，因他们所处的成长阶段而不同。他们所看到的各种东西以及丝丝缕缕的记忆都会出现在梦中。如果孩子被梦困扰，下面这个简单而正向的关于梦的故事可以让他们平静下来。

从前有一棵小树，它梦见自己长成了一棵大树。它长啊长啊，过了很长时间，它终于成了梦里的那棵树。现在它那么高大，能够越过山谷，看到很远的地方。许多的鸟儿栖息在它的枝头，快乐地歌唱。

或者

很久很久从前，一块小小的石头梦见它会跳舞。一个小孩捡起它，远远地丢出去，丢到大湖的那一边。海浪带着它，跳着舞回到岸上。

蝴蝶和种子的成长模式可以温和而生动地向孩子们展示他们自己。苹果核里沉睡的小种子们充满了生命力，和整棵树都接触，它们梦见自己永恒的天性，梦见自己再次把这些天性释放出来。你也可以讲述一棵种子如何从种壳里轻轻弹跳出来，大声宣布："哦，今天我有好长的路要走！"或者，一粒枫树的种子绽出优雅的小幼芽，它想找一个同伴，用种子的语言聊一聊生命中的各种挑战。幼芽是那么脆弱，成长的过程充满了各种各样的艰难险阻——大大小小的石头、老丁香树的树根、酸性的水、疲惫不堪的土地。它孤独地、一点一点地长大，终于冲破黑暗，来到地面上的世界，地上的一切，轻柔的风呀，歌唱的鸟儿呀，都祝贺它，向它问好。

在成长的历险中，孩子们会越来越多地发现，植物和动物是他们的好朋友。一群父母给即将上学的孩子们播下了这样一些想象的种子。一位妈妈这样开始了她的故事：

从前有一棵小树。一天晚上，月光特别明亮，小树俯身又抬头，努力生长着。当黎明的光照亮大地的时候，所有的树枝和枝条都感觉不一样了。

另一位妈妈说：

一朵小小的云跟随着更大的云朵，在天空中快乐地飘来飘去。太阳爸爸对小云朵说："你该长大了！"但是小云朵不想长大。它想永远做一朵小小的云，在天空中玩耍。但是，不知不觉中，它开始长大了。它哭着说："求求你，我不想长大……"但是它还是越来越大，越来越蓬松。最后太阳爸爸说："我的云朵孩子，你真是太了不起了！现在你可以把雨送给花园了。我们可以在天空中挂起彩虹，大地会非常开心的。"小云朵开心地笑了。

有时，从成长的浪尖上我们可以看到未来的远景，瞥见前方需要迎接的挑战；然而有时成长的波浪也会带来阻力，海浪越大，越是汹涌向前，它所产生的回浪也就愈加猛烈地冲击着熟悉的“安全地带”。一位住在海边的妈妈为不愿长大的四岁儿子讲了一个故事，故事讲完之后，母子俩都轻松了很多。故事是这样开头的：

从前有一朵小小的浪花，每天依偎在大大的波浪爸爸和波浪妈妈的怀里。有一天，它感觉到一种力量从自己的身体里膨胀开来，但是它不想长大，它只想做一朵小小的浪花，永远跟着爸爸妈妈漂来漂去。

在孩子积聚力量的过程中，他们需要一次又一次地接收到安全感和连接感。所有孩子都渴望与自然世界建立有意义的、友善的关系。当我们怀着敬意讲到各种生物的生活以及它们的后代，我们专注的话语能够帮助孩子将尴尬、过分的激动、由于成人态度的影响而产生的厌恶感变为平静、尊重和接纳。一个关于猪妈妈必须喂养十二个猪宝宝的简单的、实事求是的故事让我们从令人震惊的事实中看到一种美。如果我们带着爱和同情去描述动物所遭受的忽视和苦难，孩子们的心灵会因此而变得坚强。当我们描述自然界中伴侣之间稳定的关系时，他们会从中获得力量，尤其是那些父母离异的孩子。一个描述彼此忠诚的鸭子的故事告诉孩子们，即使是不起眼的小动物的生活，也有值得他们向往的一面。

讲故事的时候，你所描述的画面要能让孩子感觉到这反应了他自身的成长。试着创造一个故事，在故事中有一些秘密的所在，在这些地方，大的东西会变小，或者小的东西会变大，甚至是突然变大。故事可以这样开始："在一棵树上，住着松鼠一家。"或者"从前有一只小兔子，它想变得小一点，能够隐藏起来。"或者"很久很久以前，有一只大大的毛毛虫，它慢慢地把自己包裹起来，沉沉地睡着了。"

对抗权威

成长可能是痛苦的。当孩子日渐成熟，开始寻求独立和自我意识时，周围的每一个人都可能会感到棘手。然而对抗父母的权威是个性成长的标志，也是我们讲故事的一个好题材。反对是道德的基础。性格和意识就是在"是"和"不"之间成长起来的。很多古老而充满智慧的童话故事都可以在这两极之间起到调和作用。通过故事，我们可以满足孩子相互冲突的不同需要，在坚持规则的同时认可他们内心的挣扎，认可他们的情感。故事里的人们屈服、抵抗，获得安宁。故事让心灵的力量与身体的肌肉相互渗透。孩子们需要用身体去想象。成长和对抗是一种矛盾现象，它考验孩子的智慧，因为孩子要在家里做一个好人，一个被大家接受的人。对于那些通常愿意鼓励和赞同孩子而不是压制和责备孩子的成人来说，它也是一种考验。

一连好几天的晚餐时间，一位父亲都在和小儿子斗争，逼迫他吃东西，后来他有了一个灵感。尽管他是一位严厉的"监工"，但同时他也是一个很会讲故事的人。他设法表达出儿子内心相互冲突的能量，从中找到一个令人满意的解决方案。“从前有一顿饭，人们不想吃它。”他的故事这样开始。在古老的故事里，矛盾比比皆是。

> 豌豆滚出了大门，烤土豆藏回到土豆皮下面，盘子里的鱼跳出来，变成一只鸟，飞进阁楼。全家人都惊叫起来。现在他们的盘子都空了，他们没有任何东西可吃了。第二天晚上，同样的事情又发生了。最后全家人的肚子都饿得咕咕叫，爸爸大声请求：“回来吧！”妈妈也大声请求：“回来吧！”孩子轻轻地说：“请回来吧！”于是豌豆滚进了盘子，烤土豆的皮重新打开，鱼跳回到盘子里。大家坐下来，美美地吃了一顿晚餐。

随着故事的重复，食物的名字会改变。这个别出心裁的故事使孩子不愿吃饭的行为获得接受并带来乐趣，父亲和儿子不再处于对抗之中。

用手或脚用力推一堵墙，然后松开，你会发现手臂和腿会自动往上弹。有时孩子需要推开父母，以便从原来紧紧依偎的模式中释放出自己的心灵和身体，让自己去成长。富有想象力的画面就像一堵结实的墙，能够在一段时间内缓和孩子的这种需要。故事里的反抗和不听话的行为深受四五岁孩子的喜爱，有时他们高兴得大笑大嚷，闹成一团。有一家有三个年幼的孩子，他们非常喜欢《甜粥》，这是《格林童话》里一个睿智而巧妙的故事，讲的是自我控制的发展。故事里，甜甜的粥不断从小锅里溢出，最后填满了整个村庄。在妈妈的帮助下，三个孩子把故事演了出来。妈妈一次又一次地扮演锅，孩子们则扮演粥，冒着泡泡，沸腾着，流淌着，跑遍整个房间。最后其中一个小孩会念出一句咒语，让神奇的锅停止煮粥。在一遍遍重复扮演这个故事的过程中，孩子们在自律方面取得了快乐而显著的进步。

“不”的力量

孩子们小时候那些斩钉截铁的“不”会逐渐转变为做选择的能力以及自由想象的能力。同样，随着孩子渐渐长大，关于“不”的简单故事可以渐渐变得更加微妙，更加富有想象力。“从前有一个王子，他得到一匹有智慧、有魔力的马。”如果一个五岁孩子不愿意按照大人的话去做，我们的故事可以这样开头。“从前有一个温柔的公主，她发现了一座古老的城堡，她来到每一扇门前，轻轻地敲，但是没有一扇门为她打开。”如果一个六岁的孩子感觉自己受到忽视，非常孤独，则可以给他讲这样一个故事。

也许我们很愿意永远保护着孩子，让他们远离冲突，但我们也知道，孩子们常常会与我们发生对抗，以此获得独立和自立能力。在成长过程中，每个孩子都需要经历这种挣扎。他们的自我，有一部分是通过对父母以及其他成人的排斥而形成的。成长发育的力量推动着他们，使他们对周围很多事物产生反感，从而发挥出自己的创造力，寻求新的途径。他们对成人的举止、态度、说话方式等等感到不满，并因此而渴望着一种更接近其内心愿望的现实。

像故事一样，孩子们常常也体现了他们所降生的人生战场。许多伟大的故事都包含着相互对立的需要、态度和世界观。在故事的结尾，冲突的解决带给人们一种满足感。在《森林里的三个小仙人》[1]这个故事中，当小仙人向两个姐姐求助时，她们拒绝了，但最小的妹妹却答应了小仙人的请求，她身上体现了更仁慈的人性。慷慨的傻妹妹或傻弟弟最终总是能够战胜自私的哥哥或姐姐，成为一个更有智慧的统治者。故事里那些相反的角色能够帮助孩子体验自己内心的冲突，帮助他们以没有成见的心去面对家庭中、学校里以及朋友之间的冲突。很多童话故事的背后都蕴涵着深刻的智慧：爱战胜冲突；谦恭的主人公心甘情愿地做了必须做的事情，因此获得了更大的力量。这一基本的情节模式为每一个孩子正在醒来的心灵生活展开了一幅深刻的蓝图。

小心构思充满关爱而又富有想象力的故事可以帮助孩子健康地理解自身正在萌芽的性别，帮助他们培养选择能力。通过倾听讲得很好的故事，他们可以吸收那个美妙而清晰的“不”字，从而更好地面对各种挑战。“不”这个字中蕴藏着自我保护的能力，如果故事中的智慧帮助他们培养了这种能力，他们就能自然而然地说出“不”来。孩子们通过想象的画面吸收了“不”的力量，他们就能应对各种各样的情形，较少受到恐惧和害怕的困扰。

一位妈妈有两个孩子，一个四岁，一个六岁。他们所住的小区里，一个小男孩差点被拐走。很多父母都很担心，甚至有些歇斯底

[1]《格林童话》中的一篇。——译者注

里。这位母亲决定编一个故事，帮助自己和孩子从新的视角去看待这件事。她特意把故事里的主人公讲成一个女孩，好让他们更加放松地进行想象。

从前有一个小公主，人人都爱她，只要她能帮到别人，总是非常快乐。她过着幸福的生活，爸爸妈妈把她看得比自己的生命还重要。在王宫的城堡里，她安全又开心，有时她喜欢骑上小马，到山坡上和山谷里玩，无论遇到谁，都友好地打招呼。这一带的人都认识她，好心地看护着她。如果周围有危险的动物，他们会提醒她，告诉她走哪条路。如果忽然下起雨，他们会把她带回家躲雨。如果她走得太远，来不及回家吃饭，他们会给她食物。她的父母知道她很安全，也总有人告诉他们她在哪里。

随着故事的进展，这个信任别人的孩子忽然遇到了一个危险的侵入者。

公主看见树枝上一位白色的小天使在对她摇头，于是她轻轻拽了拽缰绳，调转马头，又踢了踢马肚子，像风一样跑走了。她骑在马上，一次也没有回头，穿过黑夜，飞快地回到父母的城堡。她告诉父母所发生的一切，父母派人四处寻找，要抓住那个侵入者，但是再也没有发现他的踪影。公主不再整天在外面玩耍，也不再信任她所看见的每一个人。

很多年过去了，一天，一个小丑来到王宫里做客。他说起一个拐骗小孩的人，这个人会不停地骗走小孩，直到有一个孩子足够强大，足够聪明，能够及时发现危险，对他说“不”，然后跑回家。这时这个人的魔力就会丧失。“也许有人这样做了，”小丑说，“因为我很久没有听说过这一带有小孩被偷走了。”

这个故事帮助小区里的孩子和父母们平静下来。这位妈妈有意不去打破故事结束时的一片沉默，好让孩子们的感情和思想自由舒展。第二天，当故事的深层力量发挥作用的时候，她把这个故事又讲了一遍。过了一些日子，她又把这个故事讲给邻居的孩子们听。比起一次一次用直接而又充满恐惧的声音对孩子们说：“绝不要跟陌生人走！”故事的效果是多么不同啊！故事里既有信任，也有警惕，在“是”和“不”之间做了很好的平衡。

对于想象层面的故事，你可以纳入相互对立的因素，为孩子生活中的冲突提供解决方案。《甜粥》这一类的故事还可以鼓励孩子通过对词语的掌握来成长。

故事和道德发展

故事能不能启发人们，使人们变得更有智慧？故事如何激发人们的向善之心，帮助人们与周围环境建立正向的关系？越来越多为孩子讲故事的父母和教育者们都在问这些问题。

儿童文学中那些有很强道德感的作品可以激发我们写故事和讲故事的灵感。我仔细阅读乔治·麦克唐纳所写的故事，这位苏格兰幻想家养了十三个孩子。我研究古代以及近代童话故事，例如约翰·拉斯金[1]的《金河之王》以及C.S.刘易斯的《纳尼亚王国传奇》。我还研究了近代一些书籍，例如美国前教育部长威廉·贝尼特[2]收集的三部故事集《美德书》、维金·古容[3]所著的《培养美德心——经典故事如何唤醒孩子的道德想象》。最好的儿童文学总是能够帮助他们认识人生中最深刻、最仁慈的法则。

故事中正向的解决方案使人们心中充满勇气，培养人们的信念以及在困难时期百折不挠的决心。任何年龄的人，只要有一颗童心，都能在这样的故事中体会到一种方向感，内心会感到踏实。一位很有想象力的科学家六十七年来一直在读各种各样的童话故事，最近他对我说："当我读这些故事的时候，我感觉它们就像顺势疗法中蛇的毒液，能起到免疫预防作用。它们鼓励我走出去，去好好地生活，去做好的事情！"在故事中，有一个永恒存在的想象空间，你和你的孩子能一次又一次地进入这个空间，探索灵魂的各种不同情

---

[1] 约翰·拉斯金（John Ruskin，1819~1900）：英国作家和美术评论家，著有《金河之王》（*The King of the Golden River*）等。——译者注

[2] 威廉·贝尼特（William J Bennett）：1985~1988年任美国教育部长，著有《美德书》（*The Book of Virtues*）。——译者注

[3] 维金·古容（Vigen Guroian）：美国现代宗教学者，著有《培养美德心——经典故事如何唤醒孩子的道德想象》（*Tending the Heart of Virtue: How Classic Stories Awaken a Child's Moral Imagination*）。——译者注

绪。布鲁诺·贝特尔海姆[1]以及其他心理学家极力主张给孩子们讲经典童话故事，哪怕是最吓人、最令人毛骨悚然的故事，例如《杜松树》[2]。为了顺利讲述这样的故事，一定要花些时间，以不带偏见的态度进行冥想，仔细体会自己内心的感受。如果你对故事内容感到困惑或排斥，可以读一读鲁道夫·梅尔[3]的《童话的智慧》或者朱丽斯·霍舍尔[4]的《神话和童话故事的精神病学研究》，它们可以帮助你从更深的层面去理解这些故事。

童话故事的内容非常富有创造性，它们是如此强烈、紧致，蕴含着各个层次的丰富画面，令人浮想联翩，挑战着读者更高的自我。童话故事的语言非常精炼，通常过于鲜活，不适合平常使用，这使它们有别于日常的对话。以一种平静安详的语调将这样的故事讲述出来，可以带领孩子们去体验那些在其他情况下无法承受的东西。听完这些睿智的故事之后，他们通常会感到欣喜，因为你和他们一起经历了故事中可怕而神秘的事件。

带着敏感的心去讲述伟大的童话故事，听者和讲述者都会进入到沉思冥想中。如果能用满怀敬畏的沉默来封住一个故事的结尾，那么故事的深层力量将继续沁入人们心中。在长长的停顿中，每一

[1] 布鲁诺·贝特尔海姆（Bruno Bettelheim，1903~1990）：奥地利出生的美国心理学家，儿童自闭症经典研究的发起人。——译者注

[2] 《杜松树》：《格林童话》中的一个故事，曾因内容过于恐怖而被禁。——译者注

[3] 鲁道夫·梅尔（Rudolf Meyer）：著有《童话的智慧》（*The Wisdom of Fairy Tales*）。——译者注

[4] 朱丽斯·霍舍尔（Julius Heuscher）：著有《神话和童话故事的精神病学研究》（*A Psychiatric Study of Myths and Fairy Tales*）。——译者注

个听故事的人都可以拓宽心灵的空间。不要去解释童话的含义，第二天把同样的故事再讲一遍，很多天之后再讲一遍。成人每一次专注的、不带丝毫个人情绪反应的讲述，都能让孩子的心灵在对故事含义的理解中获得新的弹性和韧性。

成长过程中的一些标志

当孩子开始问："这个故事是真的吗？"这意味着他们已经能够分辨出"故事的世界"。他们能够通过想象进入故事当中，就像走进一个小小的剧院。五六岁的孩子像做梦一样进入故事世界里，无论是那些来自自身环境的故事，还是经典的乞丐变王子的故事、沉睡的公主的故事、丢失又找到的孩子的故事。七岁的孩子已经能够听懂非常深刻的关于蜕变的故事，例如神圣的美洲印第安故事《跳跳鼠》[1]，或者乔治·麦克唐纳的《金钥匙》。成人有时候会用"现实主义"的态度去冒犯孩子的智力，后者更多看到的是生命的真理而不是现实的逻辑。随着孩子逐渐学会了解自己，在卑微的处境中努力追寻灵魂之壮丽的故事对于他们来说渐渐有了意义。如果允许孩子用自己的方式去发现故事的含义，他们会积极参与到故事当中，困惑着，发掘着，寻找着自己和故事的关系。如果一个伟大而神秘的故事——例如俄罗斯民间故事《火鸟》——讲到中途，孩子们提出问题："为什么公主会在花园里睡着？"我们可以鼓励他们自己去寻

[1] 英文标题是"*Jumping Mouse*"，该故事曾由英国山楂出版社（Hawthorn Press）出版。——译者注

找答案。我会坚定地回答提问的孩子：“我们再听一遍这个故事，故事自己会告诉我们答案的。”

深深蕴涵在童话故事中的美德能带着我们从黑暗而困难重重的现实上升到光明的国度。故事中的那些淳朴的“傻瓜”最后总能获得爱、真理、自制力、公正和权力。在故事中，当考验和魔法相遇，我们知道，新的考验即将来临，就像海浪拍打岩石。故事带来一个又一个的挑战，我们意识到，在真实的日常生活中，伴随我们的精灵会守护我们，引导我们。在《森林中的三个小仙人》这个故事中，慷慨大方的孩子获得了自然精灵慷慨的馈赠，懒惰自私的女孩也从自然精灵那里看到自己真实的写照。在庄严而令人战栗的格林童话故事《杜松树》中，爱和公正最后获得了胜利。正如鲁道夫·梅尔和玛丽·冯·弗朗兹[1]所告诉我们的，很多此类故事中都蕴涵着伟大的智慧。当孩子们听《霍勒太太》和《灰姑娘》这样的故事时，他们能够了解他们自己以及其他人不经常有的行为和态度。从莫里斯·桑达克[2]的现代经典著作中，他们了解到，恐惧、嫉妒、贪婪可以主导人们更好的动机。如果令人恐惧的故事最后没有带来善和真理，则会在孩子心中留下浓重的恐惧和无助的阴影。确实，如果故事在攻击、卑鄙、复仇或憎恨中，而不是道德的救赎中结束，那

[1] 玛丽·冯·弗朗兹（Marie-Louise von Franz, 1915~1998）：荣格派心理学家，荣格的学生。——译者注

[2] 莫里斯·桑达克（Maurice Sendak，1928~2012）：美国当代著名的儿童插画家，作品包括《野兽出没的地方》（*Where the wild things are*）、《厨房之夜狂想曲》（*Night Kitchen*）、《在那遥远的地方》（*Outside over there*）等。——译者注

么它只是描写了残酷而艰难的生存游戏，而没有告诉我们出路何在。正如布鲁诺·贝特尔海姆和朱丽斯·霍舍尔所详细阐述的，在很多童话故事中，最恶毒的父母和孩子一次次被最善良的父母和孩子所平衡，这告诉所有家庭，我们内心的力量能帮助我们在任何情况下都发现和给予真正的爱。

关于突然而深刻的蜕变的故事能够引起六至七岁孩子的共鸣。一些伟大的故事以极富想象力的方式描述了不起眼的小人物希望具有更伟大的爱和善，这类故事能够深深地触动他们。当他们自身经历变化时，童话故事那轻快、优美而简单的语言能够释放他们，使他们在一个更宽阔的宇宙的层面，更自由地呼吸。在《驴子》这个故事中，勇敢的小驴子不顾自己的蹄子有多么笨拙，坚持要学会演奏音乐。在《青蛙王子》中，青蛙坚持要跟他那美丽但坏脾气的朋友一起吃饭。在《生命之水》中，一个儿子学会了如何真正地帮助他的父亲。在夜晚的灯光下娓娓讲述的这些古老、伟大而富有想象力的故事，不管谁有幸听到，他的内心都会因此而充满光明。一位性格特别柔韧的老人最近告诉我，小时候他的父母在外面工作了长长的一天以后，每天晚上回家来都会给他们读童话故事，多年来一直如此，他们三个孩子从这些故事里汲取了很多智慧。

孩子六七岁的时候，学习的愿望在他们心中醒来，这时他们渴望听那些主人公内心隐藏着崇高善良品质的故事。新生命进入他们的身体，他们的乳牙开始松动，浑身每一个细胞都感觉到激动。然而就像今后每一个发展阶段一样，欢乐总是伴随着混乱和自我怀疑。故事帮助孩子了解他们所置身的这个不断变化的世界，告诉他们，虽然他们短时间内处境尴尬，只要耐心等待，新的生命阶段会像新的牙齿一样长出来。换牙期的孩子正在经历重要的身体结构的变化，这时候父母充满智慧的话语能够伸展他们的脊骨，让肩部骨骼变得修长有力，刺激他们的手和脚趾。牙齿以及所有骨骼的生长是今后个性的基础。换牙期进入孩子身体的话语和画面将在今后岁月里继续停留在他们的骨骼和器官中，因此我们要耐心关注话语和想象的质量。

很多父母发现，有营养的故事能够逐渐挤走孩子们听过的那些意义比较贫瘠的故事，故事中那些深刻、丰富、充满智慧的画面久久逗留在孩子心中，像回声一样余音缭绕。质量不佳的故事来自于孩子生活中的各个方面，包括好心的亲戚朋友等。下定决心，不断努力，像除去杂草一样除去它们，让真正好的故事发出缭绕的回音。

八岁孩子的想象开始朝着新的方向发展，这时候我们的故事应该更加个人化，少一些梦幻的色彩。这个年龄段的孩子社会交往逐渐增多，他们开始试探界限，彼此争吵，有时他们无视权威的存在，想看看自己的计谋、计划、对规则和程序的抵抗能够走多远。他们非常关心建筑工人如何造房子，面包师傅如何烤面包，警察如何执行法律，维持秩序。这个年龄的孩子需要快速发展的情节、个性鲜明的人物和道德的力量。幽默的寓言和警世故事非常适合八岁的孩子，这些故事清晰区分了好的和坏的，告诉人们明智的行为和不明智的行为分别带来怎样的后果。九岁的孩子越来越热衷于颠覆，他们喜欢把东西倒着放置，或者把里头的一面翻出来，乐此不疲地比较其不同。笑话以及带谜语的故事非常适合他们。九岁或十岁之后，孩子们开始喜欢复杂的情节和逼真的人物形象。

然而，无论孩子处于什么样的年龄，他们总是被谦恭、亲切而热情的故事讲述者吸引，因为他们散发出仁慈、智慧而快乐的光芒。讲故事时，你举手投足间所散发出来的温暖对于孩子来说都是神圣的，随着故事的展开，这种温暖可以让他们保持平静、机敏和自信，哪怕故事中的某些字眼或画面令他们感到困扰。一位身为祖母的教师说："把孩子抱在怀里，让他们感觉到安全和爱。从这样一个最佳的位置，他们可以学会如何承受挑战和恐惧。"

欺骗还是真实

很多人将故事等同于说谎。讲故事如何帮助孩子与真实建立起充满活力的关系？首先，成人的言行为孩子提供了榜样，这是最主要的。他们听见人们说真话，看到人们所做的正是他们所说的，于是他们知道了什么是真实。他们效仿我们与真实的关系来建立自己与真实的关系。从我们的为人处世中，他们判断诚实是不是最好的策略。

年幼的孩子需要我们耐心的帮助才能通过与各种不同现实的接触来了解自己。一个三岁的孩子把所有布娃娃聚集在一起，为它们举办茶会，给它们讲故事。对于她来说，一切都是真实的。她的布娃娃能听懂她说的话，喝下了"假装"的茶，吃下了"假装"的蛋糕。她忙忙碌碌地照顾它们。如果有人说："来喝些真正的茶吧！"她自然会感到困惑不解，不知所措。作为父母，我们可以慢慢学会一些技巧，温柔地带领他们走进或走出想象的门槛。"来和我们一起吃晚饭吧，娃娃们可以照顾好自己。你为它们举办了一个非常好的茶会。”当孩子们与玩具和宠物一起玩一些想象的游戏，给它们讲故事，我们体贴和尊重的态度可以帮助孩子建立自信，孩子们会更加喜欢别人，更加信任周围的成人。

由于成人世界的谎言，我们惊讶地发现，越来越多的孩子不再模仿成人的行为，而是躲进幻想的世界。幻想可以导致欺骗和谎言，很多孩子的确学会了躲在幻想中，这让他们感到安全。谎言和幻想试图带着人们逃离真实，不去面对自己的困境。但是每个人都要知道，一个谎言往往会导致另一个谎言。我所遇到的成人中，有一个最会说谎的人，他充满困惑，然而奇怪的是，他非常讨人喜欢。在他的整个童年，无论他说什么，他的父母都信以为真，他们希望儿子成为一个有成就的美国人。他瞒天过海，把别人画的画、写的诗、做的事都说成是自己的。他的生活就是由无数骗人的“故事”构成的。

年幼的孩子需要成人的帮助才能将字词和物体、字词和情感以及字词和人们所做的事联系起来。用清晰而固定的名字去称呼物体、人和事件可以帮助孩子了解自己和世界。一旦他们的语言感形成之后，他们喜欢试验和玩耍词语的意义。父母小组中的一位母亲写了这样一个故事：

从前有一个小丑，他以为一块肥皂是一条鱼。“那不是一条鱼！”孩子们说。但小丑坚持说：“这条鱼会吐泡泡。”“那些不是鱼的泡泡，那些是肥皂泡。”孩子们叫起来。“这条鱼喜欢跳出水面。”“那不是鱼在跳出水面，那是一块肥皂。”孩子们大声反驳。于是他们决定送给小丑一件礼物——一块鱼的形状的肥皂，这下小丑和孩子们都高兴了。

随着孩子们越来越享受用一个事物来代表另一个事物，他们玩耍和扮演起来也更加自由。故事帮助孩子找到字词和画面来描写自己以及他人：像兔子一样跳；像风一样跑；像石头一样静静躲藏。随着内心世界和外在能力的发展，他们开始在图像语言中体验越来越复杂的情景。他们渐渐学会准确运用字词，在内心形成更准确的画面，和伙伴们在一起的时候他们会宣布说："我们在玩。"这时他们感觉自己可以自由穿梭在想象世界和真实世界之间。到了七岁或八岁，他们开始自信地飞翔在超越普通现实的隐喻和想象的世界中，然后再次"落地"。就像米切尔·恩德[1]《永远讲不完的故事》中的小男孩、《奥兹国的巫师》中的多萝西、C.S. 刘易斯《狮子、巫婆和衣橱》[2]中的孩子们，他们探索着普通成人世界和想象之间的边界。

讲得好的故事可以与孩子的本性会合，帮助他们区分真正的想象和空洞的幻想。好的故事揭示出孩子与世间万物以及内心世界的深层联系，例如朝阳和落日、光明和黑暗如何拥抱我们。在我们梦

---

[1] 米切尔·恩德（Michael Ende，1929~1995），德国作家，写过许多脍炙人口的儿童文学作品，包括后文提到的《永远讲不完的故事》（*The Never-ending Story*）。——译者注

[2] 《狮子、巫婆和衣橱》（*The Lion, The Witch and the Wardrobe*）：是 C.S. 刘易斯的名作《纳尼亚王国传奇》中的一本。——译者注

中发挥强大作用的欲望和希望、恐惧和怀疑同样也在想象的背后发挥作用——在深沉的睡眠中，我们的冲动和渴望会创造出内心的图景来满足我们。你所讲述的故事将孩子们的现实变为游戏，就像莫里斯·桑达克在《厨房之夜狂想曲》《在那遥远的地方》中所做的那样。故事唤醒儿童心灵中变幻莫测的梦境，改换现实，像转动一个万花筒；旧的经验被赋予新的含义，从而通往更大意义上的现实。真正的想象帮助孩子接受他们所有的经历和感觉，并找到相应的画面和字词。

真实和谎言之间的区别给孩子和成人都带来了挑战。有的孩子对故事中的谎言很不耐烦，另一些孩子则津津有味地享受着“吹牛故事”。愚弄他人是世界各地英雄传说中一个非常普遍的主题。每个人迟早都会接触到人类那些令人惊讶的本领，包括掩盖、歪曲，善意的、模棱两可的以及更黑暗的谎言，了解到人有时候为了生存不得不撒谎。然而良心是一个非常敏感脆弱的器官，很容易变得扭曲。故事中的道德可以超越孩子的头脑，在他心中留下他暂时还无法与道德判断联系起来的词语和画面。一位母亲告诉儿子她自己小时候对母亲撒的第一个谎：她的衣服撕破了，为了推卸责任，她告诉妈妈是小猫咪弄的。第二天，她惊讶地发现儿子在床单上割了一个小洞洞，当她询问时，儿子诚恳地说：“是小猫咪弄的。”他并没有理解什么是谎言。

当孩子长到八岁或者更大一些，他们开始从现实的角度去理解《唱歌的骨头》[1]《狼来了》等经典故事，还有希莱尔·贝洛

[1] 《格林童话》中一个关于谎言的故事。——译者注

克[1]的警世长诗《说谎的玛蒂尔达》以及美国民间传说中伐木巨人保罗·班扬的故事等。他们很容易产生同情之心，即使对说谎者也不例外。

故事帮我们执行纪律

当你面对痛苦和令人烦恼的现实时，谁教会你保持信心？谁给你一种关爱和保护的感觉？故事里那些能够睿智地执行纪律的原型角色总是给我们带来灵感和全新的视角。阅读P.L.特拉弗斯的《随风而来的玛丽·波平斯阿姨》或乔治·麦克唐纳的《智慧的女人》，谁不会从中受益呢？这些故事中的成人非常擅长约束孩子的复杂艺术，他们对孩子金子般的爱因为伴随着钢铁般坚强的意志和钻石般清晰的思考而变得明智又不盲目。有时候，这些书中的父母会暂时放松对孩子的管束。如果你放下平常的父母角色，创造出这样一个角色，你也许会从中获得许多灵感，我教一个八岁孩子的班级时就曾有这样的经历。一个深冬的日子，深感吃力的我走出教室，希望能够静静心，当我返回教室的时候，我已经有了一个主意。麦克伊弗太太——一位意志坚定的祖母——神秘降临，暂时接替我来教课。我的想象力将一个骨肉丰满的她从我灵魂深处的某个地方释放出来。

---

[1] 希莱尔·贝洛克（Hilaire Belloc，1870~1953）：一位在法国出生的英国作家，著有《长短诗》（*Verse and Sonnets*）、《罗伯斯庇尔传》（*Robespierre*）、《英格兰历史》（*History of England*）、《伊丽莎白：时势造英雄》（*Elizabeth: Creature of Circumstance*）。后文提到的《说谎的玛蒂尔达》（*Matilda Who Told Lies*）来自他所著的《警世故事》（*Cautionary Tales*）。——译者注

这位想象中的育儿老手使我对孩子有了全新的理解。她用长辈坚定而权威的语气对孩子们说话，这种权威来自于在爱尔兰老家抚养过十七个孩子的经验。我所教的那些孩子以及更温顺的那部分我自己都很喜欢她老式的严格、她的爱尔兰口音以及她那些孙子孙女们的故事。

作为生日礼物的故事

一位对科学很感兴趣并且因此而自豪的父亲在女儿过生日的时候送了一本大大的关于昆虫的书给她，然而女儿却伤心地大哭起来。她一边抽泣，一边气愤地对父母说："我想了解昆虫，但我不想知道这些事情！"当父母放低姿态，与孩子认真交流，他们的直觉会告诉他们，如何与孩子说话、送什么样的礼物给孩子才符合他们真正的需要。

将生日故事送给孩子做礼物可以帮助他们感受出生的神秘和喜悦。关于生命起源的故事带他们接触到作为生命本质的创造精神。但生日故事也会激发出他们对衰老和死亡的疑问。有这样一家人，家里的孩子从三岁到九岁不等，他们的奶奶身体越来越差，奶奶生日那一天，他们请来朋友，大家一起喝茶，孩子们和奶奶一起玩一些普通的儿童游戏，例如"将衣服夹子扔进瓶子里"。朋友们离开后，一家人坐在一起，玩"问奶奶问题"的游戏，这是他们自己发明的一个游戏，游戏时间，每个人都可以自由提出任何问题。妈妈把孩子们的问题和奶奶的回答都写下来，做成一件礼物，名字叫“奶奶生日庆祝会”。孩子们用各种颜色装饰封面和里面的内容，经过奶奶的允许后，把它寄给没有来参加庆祝会的家庭成员。

如果孩子年纪小，可以过几岁生日就用几天时间来庆祝。“再过七十天，爷爷就七十岁生日了。”“再过七天，你就七岁生日了，今天晚上我会给你讲个故事作为礼物。明天晚上家里其他人会给你讲故事。”每天晚上让不同的家庭成员、孩子最喜欢的娃娃或布偶讲一个故事，这可以让孩子产生期待感和被珍爱的感觉，随着生日的临近和过去，这种感觉会越来越强烈。在生日当天或者之后的某一天，或许可以鼓励某个大点的孩子把自己的生日故事讲给大家听。有形的礼物可以与生日故事的内容有关。生日是如此宝贵，此时的孩子又是如此敏感，仅仅用一个喧闹的晚会来庆祝生日实在太可惜了。

什么时候、如何讲述孩子诞生的故事，会对孩子有很大的影响。

尤其在生日这一天，从宇宙的视角亲切地讲述我们的起源，感觉到我们来自那难以解释的“光荣的轨迹”，是它的一种延续，这会让每一个人的呼吸更加自由。“从前，一个爸爸和一个妈妈梦想着一个孩子……”这是一个很好的开头。“一位天使看见了这个梦，她走到一个渴望去往地球的孩子面前，对他说：‘很快你就要为旅程做准备了……’”成人温和而充满画面感的语言能够唤起孩子对宇宙的求知欲，一些重要的问题在他们心中回响：“我是谁？”“我来自哪里？”“谁塑造了我？”“为什么我在这里，和你们在一起？”孩子们需要听这样的故事，尤其当他们处境困难的时候，例如父母关系紧张或者在其他方面遇到问题时，就更是如此了。

每一种伟大的精神传统都描绘了天堂的孩子通过人间的父母诞生这样的原型。神圣的力量包围着每一个孩子，赋予他们意志、情感和思想，甚至在尘世的生命受孕之前就已经如此。有的人觉得并没有天使，但如果成人“愿意放下不相信”，则可以帮助孩子敞开心灵，感觉到来自其他王国的帮助和指引。传奇故事《海华沙》[1]以充满画面感和韵律的语言，从精神的视角描述了一个生来就要领导和改变好几个国家的孩子所具有的崇高英雄品质（适合八岁以及更大的孩子）。海华沙的母亲伸出双手，从宇宙的高处接受了她的孩子。

在女儿即将四岁的时候，一位工作勤奋的父亲说：“我希望更多地参与到她的生活中。为她创造一个故事，这对于我跟对于她同

[1] 海华沙（Hiawatha）：是传说中十六世纪的印第安部落领袖。——译者注

样重要。”他提前一个月开始做准备，当他开着车，看着早春的风景，嗅着早春的气息，他在心里与女儿静静地交流着。在女儿生日的那天早晨，他将一大一小两把红色的椅子面对面摆放好，中间的地板上放着一支蜡烛和一束含苞欲放的花枝。在这个故事中，可爱的春天的花蕾即将开放，一个小女孩跑到屋子外面去荡秋千。“推我，推我！”她对爸爸喊，“再高些，再高些！”随着这个简单而深刻的故事的进展，女儿用布搭了一个房子，邀请父亲进入房子里。草地上和山坡上传来美妙的音乐，小女孩一边敲着扬琴、摇着铃铛，一边唱着歌，爸爸觉得这些音乐永远也听不够。然后爸爸用一块布满星星的“大大的夜空”似的布搭了一个房子，邀请女儿进入这个房子，给她讲了一个故事。这是一个关于希望把音乐的礼物带给地球的女孩的故事。

“我记得你出生时周围的风景、天上的星星，还有人。我想告诉你这些。”另一位父亲非常简单地开始了他的故事。在儿子八岁生日临近时，他第一次向自己承诺要用一种特别的方式对他说话。可以通过很多方式去回顾出生时的情景，例如出生时有谁在场，有没有别的人也希望在那里，受孕时、妊娠期间以及孩子出生时，爸爸和妈妈是怎么想的。当我们怀着温暖的爱意，仔细挑选我们的措辞，与孩子分享这些，他们会一次又一次感觉到自己与最初进入人世的那些阶段再次产生联系。随着孩子日渐长大，可以在描述中加入更多细节，让孩子与出生的经历建立实实在在的联系。从很多方面来说，成长过程中的很多阶段都是在重复出生的经历。我们所经历的一次次诞生是这个广大的创造和重生的世界的一部分，很多古老的神话和童话故事都表达了这一点。

生日是一个敏感的日子，我们可以抓住这个机会，把问题变成唤醒孩子深层聆听的故事。我曾目睹很多父母发挥创造力，帮助彼此编出富有想象力的故事，作为生日礼物讲给孩子听。其中一个妈妈鼓足勇气，在四岁儿子生日的时候将他最念念不忘的事情——学会平衡新自行车——编成关于暴风雨中一棵坚强的小橡树的故事，在孩子临睡前讲给他听。一对父母因为八岁的儿子尿床而苦恼，他们巧用细节，编了一个修建大坝的故事。故事中，巨人偷走了大坝水闸的钥匙，但看守水闸的人及时把钥匙找了回来。他们把故事编得简单明了，用一种清晰、坚定、不带任何评判的语气来讲述。还有一个孩子总喜欢在安静的地方大呼小叫，他听到一个非常幽默的故事，讲一只总爱高声“昂、昂”叫的鹅，来到一个安静的湖边，喝了清澈的湖水，开始听见鱼儿“嗖嗖”游动的声音、蜻蜓扇动翅膀时空气颤抖的声音。一位妈妈给坏脾气的女儿讲的故事是这样开头的：从前有一个公主，坐在房间的一个角落里，另一个角落里坐着一个生气的小矮人。

一个六岁的男孩非常喜欢昆虫，父亲给他讲了一个喜欢动物的人的故事，“他最喜欢的动物是毛毛虫。”孩子非常满足。

一个喜欢给予的孩子听到的是一个非常年轻的神仙教母的故事，她拥有一根法力无边的魔杖。

一个十岁的女孩听过很多故事，有一天，她给弟弟讲了一个故事，作为他的生日礼物：

一个小矮人在哭，声音震耳欲聋，人们赶紧加快脚步穿过他的领地。这样一来，他哭得更加惊天动地，连树根都摇晃起来。最后一条火蜥蜴跳起来问："你为什么哭，小东西？"小矮人回答："因为没有人听我说话。"火蜥蜴说："我会站在你身边。我会听你说话。我会发现你需要什么。我们一起去旅行吧。如果你想哭，请告诉我为什么。"

我曾多次和父母一起创造生日故事，这是一件非常享受的事情。每一个生日都是一次仪式，也是孩子非常敏感的日子，这一天，孩子未来的星群明亮地闪耀着，这是一个与孩子的人生方向进行交流的特别机会。创造一个符合孩子需要的故事，这个过程就像做面包。选取你所拥有的最好的原材料，按顺序放入，搅拌，怀着爱意搓揉面团，加入这个，又加入那个，然后等待面团发酵，慢慢烤熟。面包烤好之后，香味缭绕，久久不散。故事的营养会直接进入孩子生命的河流，提供成长所必需的元素，为听者和讲述者都带来力量。

关于创作生日故事的建议

创作生日故事的父母需要指导时，我会提供以下建议：

1. 全心全意渴望着能满足孩子真正的需要。你希望给孩子提供礼物的意愿会为你们带来帮助和保护。在为孩子的成长服务的过程中，让自己成为导管，让智慧通过这个导管流淌到孩子身边。

2. 做一个时间表，标出要讲故事的日期和时间，让自己有充足的时间去做准备。

3. 带着深深的敬意思考孩子的生命。从宽广的视角去看一个孩子从受孕到成熟的历程是需要勇气的。

4. 创造一个角色来代表孩子性格中的一个或两个方面。当我准备写出一个故事或故事梗概时，我会沉思一至二分钟，直到主要角色的形象出现在我眼前。我信赖这个形象，如果时间允许的话，我会把它画下来，或用寥寥数语把它描述出来。

5. 故事角色有它自己的生命。如果讲故事给小孩子听，最好少用形容词。从一开始就让主要人物行动起来，少做心理分析。

6. 花一点时间思考孩子的问题，让它变成想象的画面。想象的力量会拂开日常层面的思考，让更高的创造力发挥作用。寻找一个想象来代表孩子生活中对他性格发展产生影响的挑战。在睿智的童话故事中，帮助主人公战胜挑战的因素总是来源于仁慈和崇高。

7. 故事的结尾要光明、积极，要让人们信任这个世界充满爱和公道。给年幼的孩子讲故事的时候，无论我自己心情如何，我总是让结尾带来快乐。

一对夫妇决定为他们的儿子——最近他总是大叫大嚷，干扰别人——创造一个故事。迈克尔的七岁生日就要到了，在他们那个安静的小区里，他总是跑来跑去，爬到树上，放开嗓子大叫，这种状况已经持续好几个星期了。不过，他是一个天性温厚又聪明的孩子，大家都很喜欢他。他的父母和我一起坐下来，准备构思一个故事，在秋天的生日庆典上讲述，参加生日庆典的还有他的老师和同学。他们感到迈克尔需要加强和父亲这边家族的联系。他父亲的家族世世代代都在葡萄牙当渔民，因此他们决定把故事的背景设在葡萄牙的一个渔村里，那里每家每户都是亲戚。

他们轮流勾勒出故事的轮廓：妈妈把情节往前推进一点，然后是爸爸。他们渴望为孩子创造一个礼物，这使他们充满了创造力。有时故事自由流动，有时他们闭上眼睛寻找画面，并用语言讲述和试探。他们发现使用家庭成员真实的姓名效果很好。故事在五彩缤纷的画面中开始了：

> 在一个叫葡萄牙的国家里，有许多小岛，其中一个小岛名叫圣米格尔岛。太阳刚刚升起，把桃子和红辣椒的颜色洒满大地的时候，奥拉奶奶睁开眼睛，起床去喂她的小母鸡和小公鸡们。奥罗爷爷开始修补渔网。蒲埃爸爸大步走出屋子，去造一艘结实的船。穆埃妈妈起床为一家人做早餐。小迈克尔睁开眼睛，伸了个懒腰，然后跑到屋外去看日出，突然，透过那些美丽的颜色，他看见一条龙。

他们希望通过故事的画面、语言和韵律去驾驭迈克尔的精力和爱。他们的儿子与班里一个弱小的女孩建立了特殊的友谊，他总是保护这个女孩。

> ……嗨！看呀！小迈克尔跑去告诉爸爸，爸爸正在船厂里造船。他又跑去告诉爷爷，爷爷正埋头在一堆渔网中间。他跑去告诉奶奶，奶奶正在鸡棚里喂鸡。他又跑去告诉妈妈，妈妈正在搅拌燕麦粥。大家都跑了过来。眼看着龙越飞越近。

很多孩子都跟随着父母跑来围观。小迈克尔拉着一个小姑娘的手，镇定地说："我来对付这条龙，它不会伤害你的。"

迈克尔喜欢水，但他似乎对火和风更感兴趣。突然他们脑海中出现了一个画面：男孩把家里的旧渔网抛向空中。他们和这个画面待在一起，很快，故事有了令人意外的发展。

小迈克尔跑到爷爷面前："今天我可以使用渔网吗？"开始爷爷摇了摇头，但出于好奇，再加上对孙子很自豪，他展开了刚刚修补好的渔网。小迈克尔把网卷起来，骄傲地往肩膀上一搭，然后在腰上缠了一圈，固定好。他以前经常看见爷爷这么做。他背着重重的渔网，小心地爬到一棵树上，爬上了树顶。他坐在树顶上休息，树叶盖着他的头顶。他藏在那里，计划着该怎么做。他看见飞龙朝着学校操场降落下来，于是鼓足全部的力量，站起来，把头伸到树枝外面。龙向着他冲过来，他头向后一仰，发出一声长啸，舌头发出的颤动一直到达喉咙深处。迈克尔第三次扔出爷爷的网，网整个儿撒开来，罩住了龙——龙咆哮着，拍打着翅膀，蹬着尖利的爪子，挣扎着。迈克尔用尽全身力气，收起网，紧紧抓牢。龙挣扎着，吐着口水，踢着，猛烈摆动着，但小男孩制服了这个庞然大物，把它放到学校操场上，岛上的人们造了一个笼子关住了它。

有人说龙喷出火焰，帮助孩子们学习和长大。也有人说，龙回到了大海那边的星星上。圣米格尔岛上的人们至今还记得迈克尔和他的龙。一直到今天，那里的孩子们还像迈克尔当年站在树顶上以及打开关龙的笼子门时那样，发出高声的长啸。

讲完故事之后，迈克尔的爸爸教孩子们高声合唱一首渔歌，那是他小时候学会的。回到家，大家一遍又一遍唱这首歌，一次又一次分享这个故事，让处于敏感发展阶段的孩子与葡萄牙祖先建立更紧密的联系。故事帮助他们从新的视角，不带评判地去看待孩子越来越大的嗓门。

死亡和转化

孩子离死亡并不远，因为他们离出生是如此近。他们有一种天生的智慧。“如果他们还没死，那么他们还活着。”许多古老的故事这样结尾。故事令我们的目光投向远方。最近我为一个孩子写了一个小故事，因为爷爷越来越糟糕的身体让她很焦虑。

“你是谁？”小狐狸问。老人说：“很久以前我来自星星。我的妈妈生了我并为我祝福。我的爸爸也为我祝福，并为我做了一个小小的摇篮。我和他们一起，在一个小房子里住了很长时间，他们为我唱歌，给我讲故事，直到我成为一个男孩。后来那个男孩又变成一个男人。现在我就在你面前，头发像猫头鹰一样白，准备飞回到星星上去了。”“留下来吧！”小狐狸说，“我们可以一起玩。”“谢谢你，”老人说，“既然你这么说，我就晚一点走。”于是老人和小狐狸一起玩耍，孩子们也来了，他们的父母和朋友们也来了。有一天，他们举行了一次盛大的宴会，因为一个来自星星的孩子要过生日了，从这天起，他将成为一个男人。

必要的时候，故事可以为我们打开更宽阔的视野：在焦虑的时候，故事带来平衡感和秩序感。面对重大的变化，包括死亡，可以从很多方面去做准备。一位母亲的朋友因不能参加远方祖母的葬礼，因此她为自己以及自己的孩子写了一个故事：

从前有一个女孩，她喜欢游泳，就好像她出生在水里一样。有一天，小女孩游泳的时候，看见一个闪闪发光的银色海星。她潜入水中，但够不着海星。于是她猛地浮出水面，游到海滩上休息。第二次她扎得更深了。第三次，海星不见了。她着急地绕着圈游动。每一天，她都会去查看海星是否在那里。最后她看见了——海星就躺在沙滩上。她把海星带到海边，让它自由地游进大海。

另一位母亲和孩子们一起怀念他们养的小兔子。小兔子死后不久，他们一起做了一个纪念册，并在妈妈的帮助下绘制插图。头两章的内容是小兔子的出生。第三章的标题是“长大了”。第四章的标题是“更大了”。第六章的标题是“去世”，第七章“葬礼”。妈妈搭好时间框架，孩子们分享他们的记忆，妈妈则写下故事。每个孩子都满怀爱意地参与到插图的绘制中。

一个春天，一对父母和他们的四个孩子看见一只大海鸥被高尔夫球击中，掉进了池塘里。另外几十只海鸥在池塘上空盘旋着，对着受伤的海鸥叫。这家人无能为力，帮不了海鸥。在它死后，孩子们耐心等待着风将它推上岸，然后在父母的帮助下，将它从水里捞出来，埋在一个树洞里。他们唱着歌——这是他们在其他动物的临时葬礼上经常唱的一首歌——用树叶和花朵盖好海鸥的身体。然后他们编了一个故事，讲述海鸥生前的所见所闻和所做的事情。

回到家，全家人一起写了一首诗。妈妈帮助孩子们找到词语来描绘这令人难过、激动又敬畏的经历。这位妈妈与我分享了他们做的这本书。每一页上都是一张大大的水彩画，配上用彩色铅笔写的诗句。插图是大家分工完成的，最大的孩子负责书写大家想好的诗句。之后好几个星期，孩子们都热切地希望听这个故事，并在一起怀念那只美丽的鸟儿。

一只雪白的海鸥，
被高尔夫球打伤。
从天空中落下，
笔直地掉入池塘。
孩子们围拢在池塘边，
害怕又紧张。
它扭着头，拍着翅，
抽搐着，打着转，慢慢死亡。
一个生命离开了地球，
孩子们难过又悲伤。
海鸥的同伴不忍离去，
久久回旋在池塘上方。
他们声声呼唤离去的兄弟，
回答的却只有沉默的大地。
洁白的海鸥漂浮在水上，
像一只小船儿在彷徨。
温柔的风儿推着它，
一双双的小手迎接它。
把它抱在怀里，看个仔细。
海鸥的美令人战栗。

那灵巧优雅的喙，
那洁白的羽毛光滑如水。
曾在天空飞翔的羽翼，
软软地耷拉在那里。
用树枝做成四人小轿，
为它举行庄严的葬礼。
唱一首歌给大地妈妈，
她温暖的胸怀会接纳它。
把它埋在树洞里，
让它好好安息。
采来野花和树叶，
把墓地装扮美丽。
用树枝编一扇门，
让它守护逝者的安宁。
每一只海鸥的飞翔和歌唱里，
都有它永生的魂灵。

在其他的很多情况下，他们富有创造力的故事也为全家人带来了不同寻常的力量。

即使是非常开朗的孩子，当他们生活中的人和事发生变化时，他们也会感到悲伤和焦虑，其强烈程度有时令我们惊讶。尤其是经历过兄弟姐妹、父母或朋友死亡的孩子，他们在很长一段时间内都会沉浸在本能的悲伤中。眼泪就像地下河，有时候藏得更深，有时候爆发出来变成号啕大哭。在两个极端之间，悲伤有各种不同的表现形式，有时伴随着生气或愤怒。故事可以像镜子一样，照出所有这些情感。

一位母亲非常烦恼，她唯一的五岁女儿总是哭个没完没了，悲悲切切。这孩子刚一出生，父亲就去世了。我和母亲一起找到了一个故事形象，来帮助母女俩从新的视角去看她们的损失，尤其在睡觉之前。

从前有一栋小小的房子。到了晚上，这栋小小的房子就会变成一个大大的庄园。在这个大大的庄园里，有很多的房间，其中一个房间位于一条长长的走廊的尽头。在这个房间里，有一个闪闪发光的池塘。无论是谁，只要走进这个池塘房间，关上大大重重的门，就会觉得很安全。

这个池塘里装的全部是泪水，那是积累了好多好多年的泪水。有爸爸的泪水、妈妈的泪水、爷爷奶奶的泪水、外公外婆的泪水、叔伯祖父的泪水、姨婆姑婆的泪水，还有孩子们的泪水以及刚出生的小婴儿的泪水。泪水咸咸的，哪怕是不会游泳的人，也可以漂浮在水面上。有时候，这满是泪水的池塘看上去像海一样大。

庄园里的人想哭的时候，就会到这个魔法池塘的房间里去。池塘里装着所有泪水，在里面游泳的人可以在水面上漂浮很久。所有泪水都哭出来以后，他们会爬出池塘，把自己裹在一张漂亮的毯子里，进入温暖的梦乡。一觉醒来，他们变得快乐、安宁、精神焕发。

有时候，孩子对死亡有着出人意料的智慧和敏感，而故事可以把这些带出来。在襁褓中的小弟弟意外死亡之后，一个八岁女孩请我为她读一个故事，那是她几个月前曾经听过的乔治·麦克唐纳[1]的《金钥匙》。故事中两个孩子发现了一道彩虹，沿着它进入了神秘的生死世界的深处。小女孩画了许多鲜艳的彩虹桥，帮助弟弟找到路。她的朋友们也画了许多彩虹桥，请求把这些彩虹桥和小婴儿埋在一起。

搬家

搬家对于每个人来说都是一件不安的事情，然而想象的力量能够抚平不安、烦躁和坏脾气。睡觉之前或者午饭前在大包小包之间休息的时候，都可以趁机讲个故事。准备搬家期间，种子的故事能抓住孩子的注意力，令他们惊奇不已——种子有如此强大的搬运力，种子的外壳就像一辆微型的卡车或一个小小的包装盒，隐藏着在新的地方生根发芽的力量。搬家时的每一个人都像一颗种子，蕴藏着开始一段新生活的能力。诺亚和家人临行之前的情景是一幅勇往直

[1] 乔治·麦克唐纳（George Macdonald，1824~1905）：苏格兰作家、诗人和牧师。主要以苏格兰为背景的童话和幻想小说出名，被誉为维多利亚时代“童话之王”。在他的作品中，人性一直是被关注的中心，他相信，心灵是打开整个世界及人生的钥匙。《周旋于仙女之间》（1867 年）是他的一本故事集，其中收录了《金钥匙》。——编者注

前的盛大画面，方舟像一颗种子，搬运着重新开始所需要的一切，航行在大海上。劳拉·伊利莎白·英戈尔斯·怀尔德[1]笔下那些美国早期的拓荒者就展示了这种在陌生环境中开创美好生活的能力。

一个有三个孩子的家庭很快要从城里搬到乡下去了。妈妈平静地给孩子们讲了一个蜜蜂因农民需要它们原来居住的地方而离巢的故事。过了几天，她又讲了一个大雁的故事，大雁很喜欢自己居住的地方，但当它们听到另一群大雁从头顶飞过，跟它们打招呼的时候，它们心动了。它们飞起来，绕着湖盘旋，往下看着它们最喜欢的那些地方，最后，在一个晴朗的日子，它们飞上高空，出发去往新的国度。

一个五岁的孩子跟着家人搬到城里另一个地方以后，每天晚上都哭着梦游。妈妈很担心，跑来找我，我们一起编了一个故事，让她睡觉前讲给孩子听。那是一个关于老房子的故事。故事里，一家人搬进老房子的时候，它正疲惫地呻吟着，但随着新家庭的到来，到处是欢声笑语，厨房里冒出热腾腾的饭菜的香味，老房子觉得很舒服，把一家人拥抱在“怀里”。这个故事起到了魔法般的效果。

如果快要搬家了，你可以做一本剪成房子形状的书。翻动书页，为每一个房间写一些祝福和感谢的话。最后离开之前，可以最后看一遍整个房子，带着惊奇和感激，描述每个房间的用途，也许还可以把五颜六色的旗子插在房子周围，对整个房子及其周围环境唱一

[1] 劳拉·伊利莎白·英戈尔斯·怀尔德（Laura Elizabeth Ingalls Wilder, 1867~1957）：著有《草原上的小木屋》等一系列以美国早期西部拓荒为背景的故事。——译者注

首告别的歌。尤其是，可以对孩子讲一讲新的家庭和新的宠物到来时，房子的心情将会怎样。或者，当你们在新家中安定下来后，可以直接对新家说话，讲讲你们的旧房子。

给生病的孩子讲故事

生病的孩子必须放弃平日里的欢乐，安静下来好好休息，这时专心讲述的故事就像一道门，疗愈之光会透过它照射过来。生病期间的孩子处在一种具有高度创造力的状态里，需要感觉自己被心情平静、自信而有创造力的成人所围绕——成人的态度尤其会影响到他们。这时候，不断地讲故事可以给孩子和大人都带来帮助。

一位妈妈在女儿发高烧期间一连几个小时把她抱在怀里，给她讲蜘蛛的故事。女儿不让她停下来，哪怕她在妈妈怀里打盹，她也要妈妈继续哼着、唱着，讲述蜘蛛的奇遇。妈妈自己都不知道故事里的画面来自哪里。在故事里，蜘蛛妈妈看护着蜘蛛宝宝，树、蟋蟀和其他动物们都在对蜘蛛宝宝唱歌。风有时非常友好，有时则吹破蜘蛛网，蜘蛛妈妈只好从头开始结网。高烧持续了好几个小时，最后终于退了，这个充满想象力的故事以及故事里蜘蛛的智慧发挥出疗愈的作用，给妈妈和孩子都带来力量。妈妈惊讶地发现，故事通过她自动流淌出来，而且，讲故事的时候，当她把自己完全交给孩子，她的声音变得那么美。

另一位妈妈发现讲故事可以帮助五岁的儿子恢复健康。由于父母双方家庭的遗传，儿子患有先天性哮喘，五年来不断的发病让这位妈妈筋疲力尽。许多热心的朋友各自提出不同的建议，更让她疲于招架。她下定决心要保护好孩子。后来她意识到故事可以起到治疗作用，对此十分兴奋，心头的重担也变轻了。获得稍稍的鼓励之后，这位妈妈开始信任自己的想象，哪怕在儿子的哮喘全面发作的时候。一个早春的清晨，在连续几个不眠之夜之后，他们几乎就要再次把儿子送去医院了，这时她的丈夫说："也许该讲个故事了。"精疲力竭的妈妈看着丈夫，深深吸了一口气。第一个故事结束的时候，孩子的呼吸改变了，很快，他可以睡觉了。在这个大发现之前，一个又一个不眠之夜里，她和丈夫一直在用故事书分散孩子的注意力。这位妈妈后来说："我的经验告诉我，读书上的故事无法起到治疗作用，因为它不足以产生当下这一刻的体验。每一次发病对于我的儿子来说都是此时此刻的紧张体验，包含了他的整个宇宙。"

龙成了这个家庭常用的故事主题，因为龙的呼吸是如此强大，而哮喘病人最大的挑战就是喘不过气来。

从前有一场熊熊大火，它燃烧得如此凶猛，吸引了世界上每一条龙的注意。龙王让小龙待在家里，因为家里很安全，但小龙执意跟随着父亲。所有的龙集合的时候，他悄悄地躲在后面，但他能看见也能听见一切。

压力下的父母所能找到的那些特别的灵感推动着故事继续下去。

这位妈妈决定敞开心胸，接受随着故事发展进入她想象的哪怕最令人惊讶、最复杂的画面。在听过一个离奇的、梦境一般的故事——深夜里，巨人盗走了火，但玻璃郁金香不愿放弃它的火——之后，他们的儿子开始画火焰般炙热的呼吸。他画了几十张这样的画，放在屋子里的各个角落，从那以后，他的呼吸变得顺畅，可以安然入睡了。

他们编的另一个系列的故事也很有帮助，故事讲的是一个喜欢狗却对狗过敏的男孩，还有一只名叫理查德·罗伯森的狗，它交了很多动物朋友。在这些故事里，经常发生一些不同寻常而且难以理解的事情。男孩的妈妈说："经历过多少年的不眠之夜以后，我感觉到，在我们讲故事以及讲完故事之后孩子画画的时候，我要做的最重要的事情就是从精神上保护这个空间。过敏会吸引各种不同的力量。我祈求最高的精神保护我们。我讲故事，同时一刻不停地祈祷。"

这位妈妈相信，孩子之所以能度过人生最初几年的难关，是因为他们一起编织的故事，还有孩子为了释放、接纳和描绘故事，不分白天黑夜画的那些画。你也可以模仿这位与孩子的哮喘做斗争的妈妈，创造一个关于龙的故事，让它喷出光芒四射的颜色、音乐、花或珠宝。

一位女儿患白血病的父亲曾在孩子痛苦的医疗检查过程中晕倒。后来，他和妻子渐渐学会怎样通过讲故事来参与到孩子的治疗过程中。化学治疗的副作用使孩子的感官高度敏感，有时候连床单碰到皮肤和吞咽食物都令孩子备受折磨。故事帮助她放松，缓解了她的痛苦。一天晚上，惯常的睡前故事无法让孩子入睡，万般无奈之下，父亲关掉灯，开始自己讲故事。黑暗里，他的声音温柔地包围着她，几分钟之后她睡着了。从那以后他开始讲述自己所能记得的故事，例如《金发姑娘和三只小熊》《小红帽》《三只小猪》等。由于每天晚上讲这些故事，他和孩子很快都厌烦了，于是他开始临场发挥，自己编故事。

很快父女二人开始编织自己想象的故事。“那是多么美妙而宁静的旅程。我们总是从我们两个人都熟悉的户外场景开始，例如夏天的时候我们去过的小屋。我细细描述一个温暖的夏日我们所看到、听到、闻到的一切。在那样的地方，任何事情都可能发生。我们想象她从口袋里拽出一颗星星，紧紧握住它，许了一个愿。天上的飞马会带着伊丽莎白坐上彩虹，绕着湖飞。她可以不断把自己变成美人鱼、海豚，或者她喜欢的任何一种动物。”经过三年的化学治疗，她的健康好转了，但她越来越强烈地抗拒治疗。然而，在有时非常痛苦的治疗过程中，故事仍然可以让她放松。她的父亲在讲故事方面依然十分谦虚，从不显得过于自信。这时候他会鼓足勇气说：“我们来讲个故事吧。”“好的，讲吧。”女儿总是回答。护士抽出骨髓时，她尖叫一声，然后坚定地说：“继续，抽完它！”最后，她的健康恢复了。

各种颜色的布可以激发故事过程。把这些布摆放在孩子房间的床单上、温暖的地毯上，或者摆放在屋子里某个不受打扰的角落。你和孩子的想象会把它们变成岩洞、高山和溪谷，颜色和画面的微妙流动可以激发出孩子的生命力。用简单的形式来代表更大的现实，这可以帮助孩子用自己的方式自由玩耍。相反，装饰华丽的娃娃和玩具不容易为孩子自己的活动留下心灵空间，很难激发出具有疗愈作用的想象。一块石头可以变成农舍，一张邮票可以变成邮递员，枕头可以是一朵厚厚的云，一片羽毛可以是一个天使。在一个富有创造力的空间里，孩子可以安静地玩上很长时间，周围的一切温柔地环绕他，拥抱他，身边各种缤纷的颜色就像一个具有治疗作用的梦。孩子们自由地编织着自己的故事，植物、动物、地球精灵和天使的画面自然地出现在他们心中，帮助他们疗愈和成长。

如果家里某个人的健康情况比较危急，不妨把他读的故事录成音频或视频，作为给家人的礼物。电子的交流方式通常会拉开孩子与我们的距离，无论做过什么样的声学处理，也无论所说的话或故事是多么精彩，然而我最大的哥哥病情严重的时候，他妻子建议他为远在数百英里之外的孙子们讲一些故事，录下来。她首先挑选了玛乔里·威廉姆斯[1]的《毛绒兔》，这是一个敏感的写给小孩子的故事，主题是损失和死亡。当他的声音和书一起到达的时候，我的侄子和他的妻子与还不会阅读的孩子们坐在一起，教他们随着爷爷读出的字句翻动书页和图画，温暖的亲情在几代人之间传递着。通过故事，我哥哥得以表达出自己对家人的爱，这是他康复过程中的重要一步。

[1] 玛乔里·威廉姆斯（Marjorie Williams，1881~1944）：美国儿童文学作家，著有《毛绒兔》（*The Velveteen Rabbit*）等。——译者注

第五章

四季的故事

四季的变换周而复始，形成一个巨大的圈。

——黑麋鹿[1]

你自身就是另一个小小的世界，其中有太阳、

月亮和星星。

——奥利金[2]

[1] 黑麋鹿（Black Elk，1863~1950）：苏族印第安部落的通灵者和治病巫师。——译者注

[2] 奥利金（Origen，约185~254）：出身在埃及亚历山大城的一位思想家、基督教神学家。——译者注

秋天的故事

无论何时，只要我们和孩子一起，对大自然打开感官，灵感就会向我们涌来。很多传统故事告诉我们，自然对我们所有人说话，而我们也依赖她的智慧。从远古时代起，孩子们就感觉到自然万物中隐藏着秘密。一个美洲印第安故事讲述了一个小男孩仔细倾听一块古老而有智慧的岩石，从它那里获取古老的秘密的故事。他保管着岩石告诉他的一切，为他所在的村庄带来了力量。在德国童话故事《蜜蜂王后》[1]中，“小傻瓜”保护了蚂蚁、鸭子和蜜蜂的生命，因此救了许多人的命。

两个小孩每天和妈妈一起穿过夏天的公园散步，有一天他们在路上发现一片树叶。一眨眼间，这片树叶成了他们想象中的朋友，答应被放入其中一个孩子的口袋带回家。妈妈惊讶地发现，两个孩子把这片树叶介绍给自己的玩具，开心地玩了起来。孩子们与这个不仅仅是树叶的物体建立起来的关系给了妈妈灵感，他们睡觉以

[1]《格林童话》中的一篇，讲的是“小傻瓜”与两位哥哥一起出去历险，中途因他的善良保护了蚂蚁、鸭子和蜜蜂，而这三种动物也在后来他解救公主的过程中帮上了忙，最后“小傻瓜”王子与公主结了婚，并继承了王位。——编者注

后，妈妈做了一本小书，用五颜六色的蜡笔画出树叶人和树叶孩子，星星、太阳和月亮围绕着他们。她把这些书页缝在一根柔软的绿树枝上。第二天早晨，孩子们发现床头柜上有一本树叶形状的书，正等着他们去读。“树叶人给我讲了这个故事，”妈妈说，“我把它画了下来。”孩子们听着妈妈写的这个简单的故事，非常快乐，非常专注。

接下来的几周和几个月，通过观察和想象，其他角色先后降生在这个家庭，例如树皮一家、岩石一家等。一块蓄着雨水的石头会说话。一天，几朵小花成了简单的偶人。孩子们很快学会了用偶人为妈妈表演即兴的小故事，有时在树根后面进行户外演出，有时则在家中客厅里表演。风、阳光、各种昆虫和小鸟也出现在舞台上。有时候，孩子们睡觉之前，她或者她丈夫会把孩子们自己编的故事复述一遍。

在所有季节，都可以鼓励孩子将地球作为一个充满智慧和爱的活的生命体去体验。在家中布置一个专门献给大地的角落，每天在那里讲故事，这个角落会变得越来越有意义。一位妈妈和三岁的女儿一起，将家中一角布置成“大地妈妈的花园”，将大自然里吸引她们注意的那些东西都收集到这里。每天晚上，妈妈通过关爱的话语和简单的歌谣，帮助女儿一一回忆她们收集的东西。妈妈希望女儿热爱所有季节，在一个寒冷、阴沉、飘着雪花、结着冰的日子，她开始为自己和女儿缝一件故事斗篷，这样她们可以将自己紧紧地、象征性地裹在大自然的生命体里。在斗篷的一面，她绣上春天和夏天她们曾仔细观察的小花和蝴蝶。在另一面，她贴上用毛毡剪成的秋天的树叶，还有脚步匆忙的蜘蛛、飞翔的鸟和雪花。当花儿露在外面的时候，代表寒冷季节的一面就藏在了里面。当斗篷肩膀上绣的雪花露在外面时，花就紧贴在心脏附近藏了起来。

夏末秋初，大片的绿色逐渐褪去，季节蜕变的能量唤醒了人们收集和储存的欲望。这时不妨收集一些适合秋天的故事。狗和其他动物开始长出冬天的毛皮，我们也渴望着温暖的外套和温暖的故事。孩子们本能地感觉到这些，虽然在很多人家，把水果蔬菜做成传统的罐头保存起来已经是一代或两代人之前的事情了，而在过去，几乎家家户户都这样做。

成人和孩子早就感觉到秋的气息，随着秋天的临近，他们越来越兴奋，《三只小猪》之类的故事很好地传达了这一点。有一些孩子陶醉在这样的故事中，更多孩子则害怕自然世界所蕴藏的巨大的破坏力。但如果我们的故事传达出自然的智慧，孩子们会越来越惊奇地感受到围绕在我们周围的不可思议的母性力量。自然母亲知道如何帮助死去的一切，如何照顾各种各样的种子，还有那些抗寒的幼苗。她有无边的本领，把数不清的花瓣、死去的飞蛾和蜜蜂纳入怀中，实现新旧之间的蜕变。我们可以这样描述自然妈妈——她和助手一起，唱着歌，讲着关于休息的故事，还有为新生命做准备的故事。

我年轻的时候，有一年秋天，一位幼儿园老师请我在她的班上扮演自然母亲。几位父母为我穿上一件庄严的棕色长袍，把树叶和长长的草插在我的头巾上当头发。带着几分虚张声势，我让自己进入角色，很快我发现自己像一个加冕的女王一样出现在所有孩子面前——周围摆满漂亮的碗，装着水果和坚果，还有一束束的向日葵和菊花，有的已经蔫掉。忽然间，我发现自己安驻在这个大而神圣的原型中，变得无比伟岸，这时，每个孩子都走上前来，交给我一些东西，让我在冬天里好好保管——种子、一只死去的蜜蜂或飞蛾、蜘蛛卵、凋落的花瓣，每一样都带着小手的温度。我把他们交给我的每一样东西都小心放入丝绸口袋，努力地想要找到一个足够强大的、充满爱的声音，来表达我心头那难以言喻的感觉。仪式结束之后，带着一种陌生的庄严感，我走出教室，在外面独自走了很久，以这样一种出乎意料的方式与最伟大的母亲进行交流，感受到那巨大的智慧之后，我希望自己能够挺过来，回到平常的状态。

其他很多传统的故事形象也体现了秋的神秘。故事中经常有会变的天使或仙人，有时他们以老人或孩子的形象出现。他们内心有足够的力量和光明，可以冲破死亡。在隐藏着可怕秘密的地方，他们将黑暗变成善良。米迦勒就是这样一个形象，很多地方有他的圣像，供人礼拜。他是一位不朽的英雄，通常被刻画为骑着高头大马，举着光之剑，踏入喧闹的秋天。他是这个不祥季节的主宰之神，他追赶贪婪残酷的龙，把它们杀死，用一块龙舌启发人们说出智慧的语言。他用龙的牙齿和骨头的精髓赋予大地力量，让来年有好的收成。他还用龙的鳞做出锋利的工具，用来创造美的事物。有时，在困难而危险的时刻，他赋予孩子力量，让他们救出自己以及整个村庄。他引导孩子们，告诉他们种子中隐藏着什么，帮助他们、他们的家庭以及他们的社区度过寒冷肃杀的季节。

在秋天，我们可以问一问孩子，长大以后他们想做什么，然后把他们的梦想编织到故事中去。这个季节也很适合讲一讲圣者的故事，或者回忆家庭成员的高尚举止，讲一讲他们所做的好事如何像一道光照亮黑暗。这样的故事可以为冬天做准备，就像荒芜的花园里，金黄的南瓜发出太阳的光芒。植物在季节变换时死亡，这时孩子对死亡的神秘也倍加敏感，即使他们还不懂得如何用语言来表达。故事可以帮助他们感受到浩瀚而充满规律的宇宙。我认识一位细心的妈妈，一年秋天，她做了一组橡果小仙人。她用闪闪发光的橡果做头，然后在每一个头的周围缝上一个小身体和一顶俏皮的绿色帽子。她告诉孩子们，这些小家伙的脑袋里藏着参天的橡树，未来的某一天，它们会出现在世界上。

一对父母请求我帮他们为儿子写一个生日故事，到十月下旬，他就满六岁了。当时这对父母很烦恼，因为他们的儿子经常毫不留情地攻击他三岁的妹妹，责骂她，对她扔东西。生日的时候他只想要一件礼物——一把剑。他的父母和我一起深入思考这个孩子：他凶猛的攻击性的能量，在另一些时候他体现出来的真诚、热情和体贴。我们希望编一个得体的故事，既赞美他的勇气和活力，又帮助他平静下来。我们让彼此的想象互相交融，最后创造了一个能体现孩子复杂个性的人物——一个王子，他住在城堡里，拥有许多马匹并因此而自豪。故事里，这位王子过着一种任性而粗野的生活，直到有一天，他从最心爱的一匹马上摔下来，摔得很痛。这时候，一个法力无边的魔术师骑着一匹高大的白马神秘地出现了。最后，在我们的故事里，王子证明自己有资格获得魔术师送给他的一把宝剑。魔术师教给他使用这把剑的咒语，要求他记住咒语，每次用剑之前都要念一遍。妈妈为这句咒语编了一个简单的旋律：我要真诚勇敢/善良的话给我自由/善良的心给我力量/我为正义而战/我要消除人间的不平。生日会上，我讲了王子和剑的故事，把歌谣唱了三遍。然后父母通过一个缓慢庄严的仪式，将一把木剑交到儿子手上，那是一个朋友满怀爱心雕刻而成的。在剑尖上，父母装了一个蜡烛支架，插了一根闪闪发亮的蜡烛。一些夜晚，当蜡烛剑点亮，妈妈——有时候还有爸爸——会再次讲述我们的故事，和儿子一起唱起故事里的歌。渐渐地，故事浸润到所有人的身体和心灵中。之后的好几个月里，爸爸妈妈讲了一系列有声有色的故事，主题都是王子和他的小红马——王子努力想要遵守他对魔术师的诺言，但总是忘记。妈妈、儿子以及家里所有人都非常尊敬那把剑，它被悬空挂在孩子床的上空。这个故事给整个家庭带来了持久而充满爱的平衡。

丰盛而充满活力的秋天令我们心怀感激。一群父母聚集在一起，就这个主题创造一些故事，在吃饭的时候讲。一位妈妈这样开始："从前，在一个叫做美索不达米亚的国家，孩子们每天晚上把勺子伸入餐桌上的汤碗之前，都要寻找勺子形状的北斗七星。"小组里的一对夫妇向大家寻求帮助，原来，感恩节的时候，当传统的烤火鸡端上餐桌时，他们四岁的儿子却可怜巴巴地哭起来。他低声抽泣着说："我想跟它玩。"这令父母震惊而又不知所措。小组成员一起思考着地球上的原住民以怎样开放而敏感的态度对待他们赖以为食的动物。渐渐地，他们创造出一个故事，讲述一个热爱野火鸡的印第安部落如何保护火鸡，为火鸡祈祷。部落里的一个智者让村子里的一个小男孩和野火鸡住在一起，学习它们的一举一动。印第安小男孩勤奋地练习，庆祝日来临的那天，他为整个部落跳起奇妙的舞蹈，强大而自豪的火鸡的灵围绕着他。第二年感恩节，儿子和父亲一起跳了一个火鸡舞，深深触动了全家人的心，而妈妈则在传统的火鸡宴菜单上加入了别的选择。

孩子们常常寻求能表达和驱散他们的恐惧的故事。我们可以让故事里的巨龙大声咆哮："如果你不按照我说的去做，我就吃了你！"每一个"小松糕"——我们经常这样充满爱意地称呼他们——的心中都藏着害怕被吃掉的恐惧。小人儿的嘴巴渐渐才能学会用语言来捍卫自己："我不是松糕，我是你的孩子。"可以给小孩子讲一些简单的、关于我们生活的这个自然环境中各种事物相依相存的故事，一个好的故事可以描述一首歌如何为一棵树提供营养，一条鱼如何为一只熊提供营养，一位祈祷者如何为一个天使提供营养。《姜饼人》《小红帽》之类的故事让一代又一代的孩子们看到自己的愿望和爱好。

在其他父母的帮助下，故事小组里一位过于焦虑的妈妈为六岁的儿子编了一个故事，这个孩子掉了两颗门牙，对此既害怕又兴奋。

从前有一座舒服的小山，山上有许多大石头和小石头。夏天快要结束的时候，一天晚上，刮起了很大的风。风呼呼地吹着，在小山上推着、挤着。最后，最大的石头掉到了小溪里，紧接着另一块石头也掉了进去。风在石头留下的空地上发出呼啸声。一个年轻的牧羊人赶着雪白的羊群走来了，他喜欢呼啸的风声。他在空地上建起了一座结实的新房子。

她敏感的儿子一遍又一遍地要求她再讲一遍这个故事，她从中获得鼓励，开始寻找自然世界中的其他事件，为儿子提供安慰的画面，帮助他面对即将到来的季节变化。儿子希望故事的主人公是和自己非常相似的孩子，于是她很快编了另一个故事，讲一个喜欢吃面包的孩子。在故事中，吃人的女妖穿着一身黑衣服，来到男孩居住的村庄，她吹灭了村子里所有的火炉，还把烤面包用的烤盘像树叶一样扔进河里。住在村外的一个老农夫和他的妻子收留了这个男孩，教给他发酵的秘密。他帮助老人用连枷打谷，脱去谷粒的外壳，推动石磨把谷子磨成柔软的面粉。这些工作唤醒了他理解所有事物中都存在着连续性。他在烤炉中将真理烤成面包，带去给村子里的人——吃了面包的人们获得了足够的勇气，将吃人的女妖赶出了村庄。

她的儿子一直都很怕黑，他很喜欢这个故事，让妈妈讲了一遍又一遍。他问妈妈，能不能在枕头下面放一个新烤出来的小圆面包，他睡觉的时候，面包会提醒他想着这个故事，他就不害怕了。他们接受了不可避免又充满意义的变化，这使母子俩都获得了一种特别的快乐。

你可以和孩子们一起去收集种子，把它们保存起来。让孩子给你讲一个关于种子的故事——它喜欢在哪里睡觉？它睡觉的时候，谁守护它？为什么金盏花的种子和旱金莲的种子不一样？当你细心倾听孩子们的故事，你会获得灵感，讲出自己的故事。

对于孩子来说，食物的神秘是一个永远的主题。阿斯特丽德·林格伦写了好几本关于守护精灵的书，守护精灵代表自然力，它们喜欢人类带着爱和尊敬供奉给它们的食物。在乔治·麦克唐纳的《金钥匙》中，一条神奇的飞鱼自愿跳入锅中，为一个准备好接受它的孩子做食物。一位在精神方面有深刻见解的祖母告诉孙子们，天使也会感到饥饿，吃饭的时候，她们渴望从家家户户的谈话中获取营养。孩子们问奶奶，当人们获得一顿丰盛的食物时，天使会做什么，于是奶奶给他们讲了一系列关于天使的生活和人的生活相互交织的故事。

冬天的故事——借助星星讲故事

在北方，冬天带来的是漫长和永恒的感觉，还有新旧缓慢更替的感觉。孩子们沉浸在黑暗和静止中，感觉到看不见的力量在守护他们的生活，天上的星星就像闪亮的朋友。尤其是在晚上，一定要创造出温暖宁静的氛围，让孩子们的心灵触及遥远的世界，感觉到头顶的苍穹中，星辰在有规律地移动，这会给他们一种宁静的指引。孩子神秘的内心世界像一片私人领地，尽管如此，我们可以给他们讲述真实世界里的鸟、鲸鱼、蝴蝶等生物在迷路或走失后，如何像水手和引航员一样，根据星辰寻找方向，当他们睡着以后，这样的故事会让他们感到安心。

在黑暗的深冬，故事可以鼓起孩子成长的勇气，给他们自信，让他们觉得，有一天他们也能讲述自己人生中最寒冷日子里的历险。就像布鲁诺·贝特尔海姆在《魔法的使用》[1]一书中一再强调的那样，令人恐惧的故事是孩子不可缺少的食粮，可以帮助他们培养人生所需要的机智和勇气。一个睿智的成人在分享这样的故事时，应充满爱意，保持平静和自信，这样故事可以被孩子更好地吸收。

七岁左右，很多孩子开始感觉到对家庭和朋友的忠诚。尤其在冬天，当鲜明可爱的外在形式渐渐脱落，忠诚更闪耀出温暖的光辉。很多童话故事和优秀的幻想小说都围绕这个主题展开。在《两兄弟》[2]中，当两兄弟分手时，插在树上的匕首可以预示它的主人是安全还是危险。在乔治·麦克唐纳的《公主与妖魔》中，公主爬上好多级楼梯，进入一个陌生的房间，发现一个美丽的老太太在不停地纺出智慧之线，为她指路。开始公主对她的礼物很失望，因为她看不见丝线，但很快就发现了它无穷的威力。

很多带有冬天氛围的经典童话故事支持着人类心灵中最深的道德。在《狼和七只小山羊》中，当妈妈离开家，孩子们必须保护自己时，六只山羊都被进入家里的狼吃掉了，最小的那只躲在钟里，当妈妈回来后——就像春天来临——它迅速帮助妈妈从狼的肚子里救出了哥哥们。

---

[1]《魔法的使用》(*The Use of Enchantment: The Meaning and Importanceof Fairy Tales*) 是美国心理学家布鲁诺·贝尔特海姆1976年出版的一本关于童话分析的书。——译者注

[2]《格林童话》中的一个故事，讲双胞胎两兄弟和十个动物的历险故事。——编者注

深冬的一天，阳光照耀着结满厚厚霜花的窗户，我和孩子们一起围坐成一圈，讲故事的人慢慢点燃蜡烛。就像许多人一样，在被急切而又充满信任的孩子们所围绕时，讲故事的人的声音听起来总是那么优雅。她唱着歌，讲了一个雪花仙女的故事。在暴风雪来临的时候，小仙女的翅膀被刺丛勾住，其他仙女都飞走了，只剩下最小的仙女落在后面。最后，她的呼救声被一个大耳朵精灵听见。大耳朵精灵唱着歌，钻过树林下纠缠的灌木丛，来到小仙女身边，把她带回自己安全的小屋，让她吃了一些水晶般透明的药，在她的伤口上抹上药膏。她随口唱出简单的旋律，分别代表风暴、雪花仙子以及帮小仙子治好翅膀的善良小精灵，孩子们也快乐地加入她的歌声中。

冬天最适合大家一起唱歌和演奏音乐，让纯美的音调像雪花一样围绕着我们。不久前，我看见一个五岁的孩子把乐谱倒放在钢琴上，打算为整个世界创造一首小小的故事歌。孩子的歌声和钢琴的音调像有天使守护一般，彼此相依相随，时而高，时而低，像小鸟一样轻松自在地飞翔。

然而成人常常抵触唱歌。有一位妈妈总觉得自己唱歌跑调，但她很想参加冬季的一次偶戏演出。偶戏演的是一个罗马尼亚故事，讲一位姑娘和一只中了魔法的熊一起生活了七年，最后，她的爱使他变回原本的样子，一位真正的王子。出于许多个人原因，她希望演偶戏中的姑娘。在排练中尽管我们大家都悄声鼓励："你可以唱歌呀！"但她始终坚持让另一个人代替她唱姑娘的歌。第一次正式演出的日子来临了，乐师们到达现场，花了很多时间，快乐地进行着乐器热身。最后，房间暗下来，伴随着清晰的序曲，幕布拉开了，这位妈妈震惊地发现，自己正悄悄穿过那道声音的屏障——突然之间，她的声音在歌唱，清晰又流畅，一点也没有跑调。接下来的时间，她用非常完美的音调唱完了整场偶戏演出中所有的歌。奇怪的是，偶戏结束之后，她依然认为自己不会唱歌，断然否认优美清晰的音乐曾通过她之口流淌出来。

冬至是一年中的转折点，这一天，新的光线开始穿透黑暗，这时用简单而尊敬的语气讲述婴儿诞生的故事会对孩子很有帮助。当他们听到世界各地的新生儿接受来自地球以及地球之外的许多礼物，他们会想象爱像阳光和星光一样，倾泻到哪怕是最受忽视的孩子身边。《格林童话》中有一个令人难忘的故事叫《星星银元》，描述了一个冬天般纯洁的孩子。在旅途中，她把自己所有的东西都给了出去，她的慷慨换来的是新的、充满祝福的生命。宗教故事中的主题可以深深启发我们自己创作故事，不管我们来自什么样的背景。很多家庭反复朗读《圣经》中的段落，直到每个人都能背诵。传统的宗教可以给我们灵感，帮助我们创造出意义深刻的故事，佛陀、奎师那[1]童年的故事以及基督教中耶稣诞生的故事描绘了很多原型的场景。那些长途跋涉去寻找圣婴的人们就像父母，希望将自己最好的东西与孩子分享。在传统的基督教故事中，牧羊人通过上天的指引找到新生的婴儿，我们每个人心中那个孩子的灵魂都为此触动。那个被虔诚的年轻夫妇所拒绝、被嫉妒的国王所威胁的孩子，是我们每个人内心生活的写照。当我们疲惫、被抛弃时，天使会抱起我们，孩子和老人听到这里会非常欣喜。

意大利有一个著名的《圣诞女巫贝法纳》的故事，讲一个老妇人死去后，上气不接下气地从星星当中跑过。这个故事在不同的国家有不同的版本，在意大利的版本里，她在深冬时节降落在地球上，寻找每一个孩子纯洁的灵魂。不管她去哪里，她在身后留下神圣的星光、清扫得干干净净的房子，还有美好的礼物。我曾经参加过一个晚会，晚会上，成人和孩子躺在温暖的、烛光照亮的屋子里听圣诞女巫贝法纳的故事。“请放松，闭上眼睛，在整个故事过程中都不要睁开。”讲故事的人用温暖有力的声音说。在整个故事过程中，一个活生生的贝法纳女巫充满活力，轻轻穿梭在房间里，她的声音和甜美的气息与讲故事的人的声音交融在一起。故事结束了，房间里一片寂静，我们睁开眼睛，发现怀里放

[1] 奎师那（Krishna）：意为皮肤黑色的人，以前被译为“黑天”，也被音译为“克利须那”等，是天神毗湿奴（Vishnu）的第八个化身。常被描绘为一个全身蓝色、手持笛子的美男子形象。——编者注

着一些星星形状的礼物。你也可以给孩子们讲一个圣诞女巫的故事，或者自由地想象一个高贵的来访者，他深深了解孩子们的生活，帮助他们成长。

有一些童话故事的主题是寻找爱的温暖和智慧，冬天是收集这些故事的完美时机。二月中旬的圣瓦伦丁节[1]也给了我们一个很好的机会来讲述那些消除恐惧、唤醒心灵的故事。基督教的大斋节唤起人们的谦卑，鼓励人们用更加善良、高贵的方式表达自己。在大斋节期间，我喜欢讲一个传统的爱尔兰传说，其内容是关于仙女的力量如何改变人的生活。《莱斯摩尔》[2]这个故事的主人公是一个织篮工，当仙女们在月光下唱歌时，他怀着谦卑加入歌唱，仙女们为了回报他，神奇地治好了他的驼背。就像来自世界各地的无数此类的童话、传说和寓言一样，这个故事中也有一个较弱的角色，他不像莱斯摩尔那样有一颗慷慨善良的心，在故事最后，他背上的负担比一开始更重了。此类角色不能谦卑而慷慨地与他人分享，因此饱受魔法之苦，这样他们才会变得更有智慧。

慢慢返回的光线刺激着各种形式的新的成长。室内的花盆里，植物的根越扎越深，同样，深冬的夜晚孩子们的内脏在发育，骨骼在变长。深冬时节，可以把孩子搂在怀里——如果他们还不太大的话——温柔而安心地呼吸着，可以用温暖的垫子和罩布装饰屋子，

[1] 圣瓦伦丁节（St. Valentine’s Day）：即2月14日的情人节。——译者注
[2] 莱斯摩尔（Lusmore）是故事中主人公的名字。——译者注

当我们在这样的氛围中给孩子讲故事时，我们自己也会感觉安全温暖，开始新的成长。

春天的故事

春天，一切都在蓬勃生长，成人很自然地会想到压缩在孩子那小小身体里的不可估量的大。早春时节，一位妈妈发现一块星星图案的布，她把这块布钉在墙上和天花板上，形成一个帐篷，罩住六岁女儿的床。每天晚上，她们都在这块亮闪闪的星星布围成的安静空间里讲故事。女儿越来越强烈地意识到，这是她自己的地方，是她们亲手创造出来的。在此期间，那些简单的关于鸟、海狸以及其他动物筑巢建窝的故事给母女二人都带来了深深的满足感。这些动物的身体里，带有一种看不见的、令人敬畏的模式。妈妈说："在这些敏感的时刻，我一边讲故事，一边静静地和星星说话。我很小心地不去打破她沉思的氛围。我的女儿喜欢把所有的布娃娃聚拢来，围在自己身边。好像他们是来自远近各处的同伴。她和娃娃们一起，一动不动地坐着，眼睛睁得大大的，好像在做梦。"她说，在和女儿深刻交流的过程中，一些词语和画面就像来自天国的鸟一样快乐地飞向她们。

一年春天，当鸟儿飞进花园的时候，一位研究美洲印第安智慧的父亲希望孩子们感受到印第安人独特的智慧，分享自己对鸟、树、花的兴趣和热爱。他在花园里观察着，研究着各种鸟和植物的特质和行为。有时候孩子们会跑来问他问题，为了回答这些问题，有时他会讲一个美洲土著人的传说，也许是约瑟夫·布鲁夏克[1]或故事医生[2]写的，有时他会自己编一个故事来解释眼前发生的一切。

另一位父亲发现很难同时给两个孩子讲自然故事。小时候他曾经读过塞尔玛·拉格洛夫[3]的《尼尔斯骑鹅旅行记》，喜欢想象自己像尼尔斯一样，骑在一只聪明友善的鹅的背上去各地旅行。然而当成群返回的鸟儿唤醒八岁儿子充满思考的问题时，他意识到这个故事不适合他。“哪一只鸟是真正领头的鸟？”儿子急切地问，“领头鸟会换吗？还是一群鸟像一只巨鸟一样飞？”儿子希望得到简单直接的回答。他尤其希望听一听缺乏智慧的领头鸟的故事。安徒生的《皇帝的新装》是他最喜欢的故事。但他六岁的妹妹喜欢充满想象的故事，像《约林德和约林格》[4]，讲的是一个女孩被邪恶的巫婆变成了一只鸟。这位父亲希望讲一个能同时满足两个孩子的故事，让他开心的是，他发现了《火鸟》，一个神秘的俄罗斯童话故事，讲述一只羽毛犹如初生太阳的凤凰的故事。这个故事给两个孩子都带来了深深的快乐。

春天，我们所有的感觉都在迎接大地的美和高贵，但要把它描述出来则需要想象力。一位讲求实际的妈妈想给孩子们讲故事，可

[1] 约瑟夫·布鲁夏克（Joseph Bruchac，1942~）：著名的美洲土著文化和传说研究者。——译者注

[2] 故事医生（Medicine Story，1929~）：又名 Manitonquat，美国原住民，著名的故事讲述者，致力于收集和保存印第安民间传说。——译者注

[3] 塞尔玛·拉格洛夫（Selma Lagerlof，1858~1940）：瑞典女作家，曾获诺贝尔文学奖。——译者注

[4] 《格林童话》中的一篇。——译者注

是每次当她试着进入想象的画面时，都觉得很傻、很无聊。但是，在大家的鼓励下，她决定试着把春天拟人化，描述成一位仪态万千的女神，讲给孩子们听。孩子们在学校里听过春姑娘的故事，很喜欢在家里玩春姑娘的游戏。好像是有意让妈妈安心，一个阳光明媚的早晨，孩子们用花蕾和叶子布置好房间，把这位极富原型意味的女神邀请到早餐桌上。孩子们确定春姑娘不需要吃任何东西，而且除了春天以外，没有经历过任何季节。他们轮流让茶叶盒子上一只火红的小龙讲故事，讲看不见的秋天女神，她是多么美，她怀里那些忙碌的动物和植物们，还有那些精灵们，徘徊在大地上，寻找一个休息的地方。他们的妈妈惊讶地听着，心里柔软极了。故事小组里的父母们想象出融雪先生和融雪太太，他们是春姑娘和她手下所有大臣的朋友，在池塘和雪堆上优雅地跳着舞。你也可以讲一个关于融雪先生、融雪太太以及他们的孩子们的好玩的故事。

在冰天雪地的寒冬之后，另一位母亲在试着讲一些春天的故事，她想描述早春漫长的睡眠。她的想象中出现了一只有智慧的乌鸦，蹲伏在一个小岛上，耐心等待着，四周是冰冻的湖。这只冬天的鸟儿飞过漫长的旅程，来到春姑娘的家门口，敲着她的窗户，春姑娘才在她那装饰着蕾丝花边的床上惊讶地醒来。她起床的时候，周围的颜色开始变化。最后，她迈出家门，她的脚印将大地变成了绿色。每当她弯腰触摸大地，地上就开出紫色和黄色的报春花。她的斗篷随风飘飞，她的脚步带着她去找年迈的冬老人以及他手下的大臣们，她对冬老人唱了一首歌，冬老人抛出最后的雪花，庄严地离开，撤回了北极。这位妈妈和她的孩子都觉得，是这个故事让天气最后暖和起来了。

在北欧、美国和加拿大，泥泞的四月是一个强大的转化的季节。这时候，孩子们需要从故事中听到那些像盒子里的玩偶一样突然出现的东西——关于新出生的动物及其经历的故事自然而然地就来到我们嘴边。七岁左右的孩子越来越喜欢那些有现实道德意义的故事。一位父亲给儿子们讲了这样一个故事：一个小男孩发现了一个鸟巢，鸟巢里有一些鸟蛋，鸟蛋里传来轻轻的啄蛋壳的声音。一个鸟蛋上出现了一条细细的裂缝。男孩很可怜鸟宝宝，觉得它们太辛苦了，于是他热心地把手伸进鸟巢，磕破了其中一个蛋壳，但是露出来的小鸟很快蜷成一团，死去了。男孩伤心地哭了，爷爷告诉他："每一只鸟都必须自己啄破蛋壳。"

一个明媚的春天的早晨给一位妈妈带来了灵感，她决定为孩子们讲一个关于万物起源的故事。她带着孩子们来到户外，用一张毯子把自己和孩子们严严实实地盖上。她和孩子们躺下，动来动去，寻找舒适的姿势，然后安静下来。不知过了多久，她深深地吸了一口气，听见自己的声音在说："在一开始，在最最开始的时候，世界上什么也没有，没有任何东西。"长长的停顿之后，她轻声说："后来，创造开始了。于是有了一只……乌鸦。"在接下来的故事里，乌鸦诞生了一切：鸟、虫、花、孩子、房屋……几天以后，这位妈妈找到了来自世界各地的各种创世故事，把它们大声地读给孩子们听。他们听得很入迷，但这些故事都没有像第一个故事那样，引起他们深深的惊奇和满足。第一个故事来自她自己心灵的土壤。

一位朋友怀着类似的心情告诉我，最近，好几个孩子来家里做客，和她那四月份就满七周岁的儿子一起过夜。一开始，她和丈夫简直受不了春天里孩子那种狂野的能量，但很快，他们想了一个办法。她庄重地点燃一根蜡烛，让孩子们把自己紧紧地裹在毛毯和睡袋里。她讲了一个毛毛虫的故事，毛毛虫到处寻找食物，直到有一天，它感觉到自己在变。它织了一个闪闪发光的茧，把自己包裹在茧里。过了很久，它醒来，感觉到自己会有一对非常美丽的翅膀。她讲故事的时候，孩子们拼命地扭动着，快乐又满足。她的声音和故事里的图像语言滋养着孩子们，很快所有的孩子都甜甜地睡着了。第二天早晨，"蝴蝶孩子"们早餐时出乎意外的安静。

春天里的变化是如此强烈，因此可以选择一到两个关于蜕变的故事，一遍又一遍地讲给孩子们听，或者一次次重复表演。注意一下什么东西能吸引你的孩子，蚂蚁、老橡树的树根、鸽粪、五颜六色的蝴蝶还是融化的冰雪？讲故事的时候，你的措辞和语气要体现出对所描述的现实的爱和尊敬。可以给孩子们读乔治·麦克唐纳的

《公主和妖魔》《公主与科迪》《金钥匙》等。这些故事以及乔治·麦克唐纳的许多其他故事描述了那些经历了漫长岁月的存在体。就像他们生活其中的山脉和森林一样，这些存在体是智慧的强有力的代表。他们说话很少，然而他们非常了解孩子的需要。

夏天的故事

温暖的夏日，在阳光的作用下，我们的感官大大地打开。在很多国家，只有在夏天，人们才能在自然中自由活动。夏天是传统的旅行季节，而旅行是世界上许多伟大故事的原型基础。美国一个让孩子在家上学的家庭平时生活在一个内陆的郊区城市里，夏天的一天，他们有机会用整整一天在海边散步。后来，从三岁到八岁的四个孩子用蜡笔画下了自己所看到的一切。妈妈把孩子们的画订成一本书，用彩色铅笔写下孩子们对每一幅画的说明。他们轮流读这个海边散步的故事，读了一遍又一遍，每个孩子都用自己的方式。后来，他们回忆其他的夏季旅行——去朋友家、亲戚家，甚至去各种各样的商店以及去儿科医生那儿——把每一次旅行都做成纪念册。你也可以像这家人一样，写下孩子们心目中的旅行。孩子们的画、一张特别的照片，或者你自己画的画，都可以用来描述你们一起度过的时光。

一个故事小组中的父母对自己讲故事的能力不太自信，于是他们想象出一个会讲故事的“夏妈妈”，在漫长的夏日给他们带来灵感，帮助他们给孩子讲故事。在他们的描述中，她是一位丰满美丽的女人，微笑着，头发上戴着水灵灵的花朵，怀里、口袋里和篮子里装着草莓和夏天的花朵，满得快要溢出来。将她从想象中召唤出来以后，他们开始感受到她可能会讲的故事。在夏日的星空下，和孩子们度过漫长的一天之后，其中一位妈妈不知道该说什么，于是她鼓足勇气，充满好奇地问："夏妈妈今天晚上会给我们讲什么故事呢？"她惊讶地发现自己很快找到了灵感。故事讲的是一个牧羊人带着小羊在夜色里吃草的时候，渐渐喜欢上了夏夜星空里的白羊座。故事激起了她的好奇心，她开始研究所有的星座，收集和星座有关的故事，一直到今天，她和家人依然在这样做。

可以给孩子们讲一讲自然中的生物是如何忠于职守的，这样一来，对于我们在宇宙中的旅程，他们会产生一种信任感。在这样的旅程中，万事万物息息相关，彼此付出。每一种动物、植物和石头都在做着对我们的生活有用的事情。在散发着温暖的夏日，我们可以很自然地通过故事来培养孩子对自然万物的感激之情。一只快乐的小虫整天在泥土里拱来拱去，吃着泥土，让泥土变得更松软。"谢谢你，小虫！”我听见一个小男孩说，“我并不愿意像你这样过日子，可你做的事情非常好。”

夏天激发人们的创造精神，唤醒音乐、舞蹈、绘画和诗歌。为了庆祝一个男孩的生日，家人为他写了一首简单的小诗，讲述一朵花渐渐长大的故事。父母和孩子们来到生日会上。在朗颂并表演出这个小小的故事之后，大家把五岁的花童小寿星围在中间，一边转圈一边敲着木琴，吹着竖笛，弹着拇指琴，敲击着三角铁和鼓。

几个让孩子在家上学的家庭每年夏天都去参观矿山，有时候他们带着孩子长途跋涉，去凉爽的地方挖宝。爸爸妈妈们决定在旅途中以及休息时间给孩子们讲一些古老的童话故事，主题是善良和艰苦的劳动带来丰厚的回报。他们选择的其中一个故事是《拇指汤姆》，讲的是一个拇指大的小人儿凭借勇气克服艰难险阻的故事。他们喜欢的其他故事还有《桌子、驴子和棍子》[1] 以及北欧传说《空中的金色城堡》，讲述一个年轻人选择了一头小灰驴而不是金马或银马去帮助他旅行的故事。一路上，这些矿工们欣赏着地上地下的各种岩石形式，关于矮人精灵以及地球的其他小帮手的故事也给孩子们带来了极大的快乐。勤奋的小矮人神秘地居住在我们看不见的地方，与石头、地心重力以及地下河流有着紧密的关系。在中欧人

[1]《格林童话》中的一篇。讲一位老裁缝有三个儿子，他们长大以后出去学本领。大儿子学的是木匠，学艺期满，得到了一张饿了就有美味佳肴的桌子；二儿子学的是磨坊，学艺期满得到一头会吐金币的驴子；小儿子学的是车工，带回一根会打人的棍子。两个哥哥的东西都在借宿时被黑心店主换走了，最后小儿子用棍子狠狠惩罚了店主，赢回了桌子和驴子。——编者注

的想象中，小矮人穿着结实的靴子，戴着尖尖的帽子。帽子像探寻矿脉或水源的占卜杖一样，可以帮助他们保持平衡。他们可以看穿岩石表面，发现其中蕴藏的宝石。通过这些故事，孩子们成了敏感的小地质学家，而且，他们学会了像充满生命力的矮人精灵一样尊重石头的特质和位置，尊重宝石中蕴含的能量。他们试着去感觉，看不见的矮人有没有帮助或阻碍某些树木或植物的生长。

你可以画一个或多个矮人精灵，或者用布缝制几个这样的精灵，或许还可以把一些五颜六色的石头装在袋子里，交给他们保管。你还可以和孩子一起想象几百亿年以来，地球和矮人精灵之间有着怎样的仪式。

在很多灵性传统中，一个美好的生命最大的回报就是能听见和理解动物或海洋生物的语言。《牧鹅姑娘》《忠实的约翰》[1] 等童话故事就描述了获得这一礼物的不同寻常的人。在乔治·麦克唐纳的《金钥匙》中，一个小女孩走进森林，发现自己的耳朵能听见动物和植物之间那令人惊异的对话。在夏天讲述这些充满灵性的开放的故事，可以唤醒我们，让我们从微妙的视角去看待自己以及孩子的听力。

借助月亮讲故事

自从远古时代起，月亮的节奏就影响着人们的想象，故事可以帮助孩子为长大后参与这种节奏做准备。我们可以在我们的故事日

[1]《牧鹅姑娘》和《忠实的约翰》都是《格林童话》中的故事。——译者注

历上标出月亮的各个阶段。对于这光华四射、充满磁力的存在体，我们满怀敬畏，人类许多最伟大的故事都来源于它。

在月光中，我们的记忆被搅动起来，我们听见来自未来的呼唤。更开放地接受大自然影响的人们常常根据月亮来确定节日庆典的时间。当月亮打开我们的感官，讲述更敏锐的感受力的故事能让孩子安心。对于孩子来说，等待和观看满月是一项非常有益的活动。在月缺月圆之间，为了帮助孩子与圆润的满月建立联系，讲故事小组中的一位祖母告诉我们，她喜欢为孙儿们烘烤圆圆的饼干和面包，然后浇上糖浆；她还喜欢横着切苹果、梨以及其他水果，为孩子们端上美味多汁、可以吃的小圆月亮。她把它们放在她最心爱的、夜空一样蓝的盘子上，这些圆圆的小“月亮”就更美了。

月亮帮助我们的想象力以更细致的聆听去捕捉自然世界的真实。你和你的孩子可以把布娃娃、宠物和心爱的玩具聚拢到一起，围成一个圈听故事，记得为你自己——讲故事的人——留一个主要的位置。在圆圈的中间摆放一些这个季节的东西，例如花、水果或水晶石，或者在一个玻璃碗里装满从心爱的海滩上捡来的白石头。在月光如水的夜晚，大自然会通过你娓娓诉说：云朵会合，行星聚集；动物谈论着它们害怕或喜欢的人；大树唱着关于童年的歌；小树恳求星星帮助它们长大。一个满月的夜晚，一位妈妈把“疯疯癫癫”、一刻都不安宁的孩子们叫到一起，大家来到充满月光的房间里坐下，妈妈用一块旧毯子把自己和孩子们包裹起来，轻轻地哼着歌。然后，她开始非常专注地讲故事：**一天，当月亮变圆的时候，三个羽毛一样轻的小精灵从他们躲藏的地方跳出来，快乐地玩耍。**

孩子们听得非常专心。

当幼小的孩子受到月亮影响时，他们会感觉更加脆弱，感觉自己暴露在隐藏的事物之前。乱糟糟的恐惧浮现出来——他们梦见吃人的野兽，梦见小怪物要跟他们玩。通过故事的图像语言，你可以帮助孩子们感觉到，他们可以掌管这些阴影中的存在物。在你的故事里，你可以讲述某个角色万分惊讶地获得了自己都没有意识到的力量，或许是通过吹口哨，由于学会了一首歌，或因为大声念出了一句咒语。

随着春天的来临，一位妈妈为正在长身体的三岁和六岁的儿子写了一个故事。在满月的夜晚，他们总是睡得比平时更香甜。

> 从前有一颗种子在睡觉。小种子在床上翻了个身。“我这是在哪儿？”它朝着地下的光伸出它的根，又朝着另一种光向上生长。月亮婆婆看见了小种子，她唱了一首歌，于是，一条通向光的道路为小种子打开了。

当我们进入新的身体和情感的成长领域时，月亮带给我们深情而慈爱的凝视，那正是我们所需要的。故事的结尾这样描述：“新的小苗苗破土而出，快乐地叹息着：‘今天我感觉好不一样啊！’”故事的作者告诉故事小组中的其他父母，孩子们听了这个故事之后非常满足。六岁的孩子并没有问：“妈妈，这个故事是真的吗？”她说，当故事通过她涌出，她能感觉到故事带来的祝福，通过关注一颗种子的生命，她表达了对孩子生命中各个方面的关注。你也可以讲述在月亮婆婆的凝视下一颗种子的历险。或者你可以讲一颗芥菜如何回忆当自己还是一颗种子时的往事。你还可以讲月亮如何穿过夜空旅行。情感的享受是孩子与生俱来的权利。在你用自己的惊奇和专注打动孩子时，你们双方都会更加饱满地进入事物的真实当中。

第六章

在家庭和社区中讲故事

环顾四周，只见心灵和思想的枷锁纷纷碎裂。

——约瑟夫·齐尔顿·皮尔斯[1]

[1] 约瑟夫·齐尔顿·皮尔斯（Joseph Chilton Pearce，1926~）：美国作家，写过多部关于儿童发展的书。——译者注

一些有用的原则

用心讲故事可以从很多方面逐渐改变你和孩子的生活。在心存疑惑的时候，你可以仔细体会以下几点：

1. 你为家人讲的每一个故事都会给下一个故事带来灵感。

2. 安静能加深倾听的力量。

3. 接受这一点：有时你可能不想讲故事，而希望别人给你讲故事。

4. 做一个讲故事的时间表，即使在烦恼、疲惫或有困难的时候也坚持遵守它，你会收益良多。

5. 一个好的故事可以改变愤怒、不耐烦和自怨自艾的心情。

6. 对自己说“一般忙忙碌碌的父母没有时间做这个”只会压制你天生的能力——为孩子提供他们所需要的。

7. 缺乏经验、感觉自己缺少能力以及其他使你畏难的因素都可以塑造到故事角色中去。

8. 享受克服不情愿、讲出故事之后的美好感觉，注意到你的创造力如何带动了孩子们。

9. 记住专心讲故事带来的好处：在固定的时间专心与孩子相

处；愉快期待着一天或一周日程中已经安排好的下一个故事时间；家庭成员之间越来越亲密；编织起旧的纽带和新的纽带；对别人的家庭更关注，更尊敬；孩子越来越有创造力，像镜子一样映照出你的创造力；遇到困难和挫折时大家关系更亲密，更能想出办法。

10. 要想掌握讲故事的艺术，唯一的方法就是去练习这门艺术。用心讲故事可以带来健康、幸福和爱。如果坚信这一点，你就会达到自己的目标。

人类部落

小孩子有一种与生俱来的部落本能，故事帮助他们发挥出这一本能，对自身及整个地球怀有美好的愿望。故事帮助孩子感受到他们属于一个更大的家庭，从而获得基本的安全感。一直到不久之前，孩子们都是在家里和哥哥姐姐一起长大，一起受教育。如今的家庭越来越小，很多人家只有一个孩子，因此人们普遍开始怀念过去几代人住在一起的亲密的大家庭生活。描述人类和动物家庭生活的故事能让孩子在生活的交织中更深地呼吸。罗兰·英格斯·怀特的书之所以如此受欢迎，很大一部分原因在于，我们需要深切地感受到，每一个人都可以与家庭以及更大的社区建立愉快的纽带。这些深受孩子喜爱的书描述了一个勇敢的拓荒家庭，他们善良正直，共同战胜困难。

与客观描述过去家庭生活的著作不同，童话故事往往讲述的是某一个人如何变得更有力量，更完整，更有爱心。这两种故事对于成长中的孩子都非常重要，他们始终面临的一个难题就是：如何与人分享，为他们做贡献，同时保持作为一个个体的独立性。

为了营造更多的社区感，几位工作忙碌、孩子年龄也差不多的父母决定互相帮助。每周三个下午，这些家庭轮流在自己的厨房里为所有家庭做晚餐，这样其他家庭可以过一个稍微轻松些的夜晚。孩子们越来越熟悉，放学后总是快乐地聚在彼此家中。事先大家约好，为大家做饭的那一家父母要给孩子们讲一至两个有营养的故事，而且就准备什么样的饭菜和故事共同制定了一些原则。到了晚餐时间，每个家庭都把自己的那份食物带回家去。孩子们回去以后，总是把自己听到的故事与父母和哥哥姐姐分享，渐渐地，每个人都把精彩的故事和美味的食物联系起来。

另外几个家庭决定带着从一岁到十四岁不等的孩子，步行好几里路，为城市里没有饭吃和无家可归的人们寻求募捐。他们带了许多食物和水，最小的孩子抱在怀里或放在手推车里。所有人都决定要穿过迷宫般的街道，走完全程，哪怕走上一天一夜。途中，父母们开始讲故事，他们以一路上和他们同行的各种各样的人为主角，想象他们在生活中如何跑完马拉松，如何克服各种困难，用这些故事来鼓舞落后者。之后的好多年里，这些勇敢的家庭每年都会重复这耐力的考验，在这个过程中，孩子们渐渐长大了。尽管活动的初衷是为了好玩和培养同情心，多年后一位妈妈却说："我觉得，这些步行在我们家开创了这样一个传统，那就是承认不舒服和坚强的意志是整个故事的一部分。这种认识灌注到我们的双脚，就像童话故事里一样，我们坚持向前，寻找一个正向的结尾。"

一位意志坚定的妈妈带着四个孩子参加了这些步行。她看到一个牌子："请拜访我们吧，爱是不老的！"于是决定把他们带往一个老年人收容所。每周一次的拜访让她和家人了解了另一种不同的生活。收容所里的许多老人越来越喜欢这位妈妈和她的孩子，总是盼望着他们到来，为大家演奏音乐、唱歌、朗诵小诗、讲故事。"一开始孩子们太小，不会用言语来表达友谊。有时候他们希望快点结束，但一旦他们到了那里，一切都变得有意义。"晚上孩子们睡着以后，或者早晨他们醒来之前，妈妈会写下他们看望老人的时候，老人们说的话，做的事。过了一段时间，她满怀着爱意和尊敬给这本书取了一个标题——我们的老年朋友，还留下空白页码，以后可以记录更多的内容。她把书复印了很多本，每一本都贴上孩子们用彩笔装饰的封面，送给老人的家人、老人之家的工作人员以及有时来访的人们。在不断看望老人的几年中，一些人去世了，她和孩子们怀着特别的心意，写下他们所认识的老人，用这些快乐的句子去纪念逝者。

一年假期，一个有四个孩子——从三岁到十岁——的家庭决定邀请他们的朋友，包括小宝宝和老人，来参加一个"故事之夜"。他们邀请的每一个人都欣然来临，很快小小的客厅里就挤得满满的。所有人都很兴奋，大孩子们在各种乐器上演奏出他们学过的歌曲，大家一起唱着歌，于是整个夜晚都伴随着音乐的插曲。一个孩子按照吩咐，将一块简单漂亮的石头放在屋子中央。"谁拿起这块石头，谁就可以讲故事。"妈妈用清晰有力的声音宣布，然后她捡起石头，开始讲第一个动听的故事。在她之后，一个又一个的人捡起石头，讲述自己的故事。每一个人讲故事的时候，大家都快乐而专注地倾听着，故事讲完，大家唱完最后一轮歌，纷纷起身去餐厅里吃东西。一个传统就这样诞生了。大家在一起的氛围满足了每个人内心的需要，之后的好多年里，他们定期聚在一起，举行“故事之夜”活动，孩子们就这样共同长大了。在这些聚会中，孩子和大人都变得更有信心，更会讲故事，也更会品味故事。即使偶尔有其他“部落”的人们来听故事，大家心里依然充满了安全感。

在一个漫长炎热的夏日，我认识的一些父母和孩子们也发扬了类似的社区精神。在他们位于市中心的居住区里，住着各个种族的人们。小区里有一个小小的后院，带一个简陋的车库，那是他们最喜欢的地方，他们决定在那里排戏演戏。他们一直都很喜欢去图书馆里找来民间故事，改编成戏剧或游戏。他们第一次正式演出的是一个美洲土著故事，叫做《脸上有疤的女孩》[1]。这次演出如此成功，以至于孩子们继续为街坊们表演达十年之久。剧团成立的时候，最小的成员还不到两岁。作为第一次演出的“报幕员”，她脚步蹒跚却无比大方地走到观众们面前，快乐地大声说：“欢迎参加我们的演出！”从一开始，每个孩子都非常踊跃地参与进去，选择故事或剧本、编写台词、分配角色、设计和搭建背景、制作服装……放松的氛围使每个孩子都能表达自己的意见，就演出的方方面面做出决定。他们为自己的剧团起了一个名字，叫做“后院剧团”。他们希

[1]《脸上有疤的女孩》(*The Rough-face Girl*)：是一个印第安民间故事，讲述脸上有疤的妹妹赢得了隐形人的爱，漂亮残酷的姐姐们却没有做到。——译者注

望每一场戏都是从自己所熟悉的伟大故事改编而来的，因此每一年当他们为下一场戏做准备的时候，他们都会聚到一起，耐心地熟读选好的故事。编写台词的时候，他们会保证每个孩子都有份。大孩子会帮助小孩子，大家学会了分派任务和角色，让每个人都参与其中。一开始有一个爱孩子也爱演戏的妈妈帮助他们，渐渐地，又有好几个父母参与进来，发挥自己的一技之长。孩子们为演出制作入场券，邀请父母和朋友来参加。一开始所有这些只是为了自己好玩，渐渐地，当他们意识到分享带来的益处，他们开始鼓励其他小区的孩子也进行类似的演出。在剧团成立六年之后，他们第一次把莎士比亚的《皆大欢喜》经过删节后搬上了舞台。当年报幕的那个最小的孩子此时已经八岁，她担任了一个重要角色，而且是所有人当中第一个记住全部台词的。

讲故事和富有想象力的演出可以在街坊当中发挥酵母般的强大作用，意识到这一点之后，一位住在嘈杂市区的祖母决定以一种不同的方式来采取行动。她制作了两个听故事的娃娃——就像她自己的孩子小的时候她为他们做的娃娃一样，具备小宝宝所有最可爱的特质。为了呵护幼小的听众，她选择了天然材料和最柔和的颜色，还给它们起了名字，一个叫奥比，一个叫奥巴。她贴出广告，发出邀请，然后在家里用心地布置好故事空间，用美丽的东西去培养孩子对故事的专注：花、一支蜡烛、一块令人喜爱的布。她、娃娃和孩子们形成一个三角形，一个故事空间，用她的话来说，在这个空间里“我们一起来想象故事”。

她的故事框架总是一样的。当孩子们和妈妈、保姆或其他看护人一起到来时，她会轻声提醒："轻点，我的小宝贝们在睡觉。"所有人在枕头上或柔软的地毯上坐好以后，她教给孩子们一首歌，用这首歌来唤醒娃娃的午睡，告诉它们有客人来了。然后她把奥比和奥巴并排放在一把椅子上，询问小朋友们喜欢听哪个故事。故事娃娃很喜欢问候每一个小朋友，尤其喜欢问候那天正好过生日的朋友，还有爷爷奶奶们，当然还有来听故事的所有其他布娃娃们。"你说什么，奥巴？但那是谁呢？——那是蒂姆的爷爷！"她留心让自己的语气和姿态看上去像是在和小孩子交流。她通常都会准备好当天要说的故事，但有时鉴于现场听众的组成，需要在最后一分钟改变计划。娃娃每次都能帮助她凭着直觉倾听整个一群孩子的需要。如果有人大声打断："它们只是娃娃！它们并没有真的那样说！"她就用早已准备好的话来回答："当然，我们在玩呀！这就是我们玩的游戏！"

在故事的间隙，她静静地为每个人端上茶点，茶点呼应了故事里的某样东西：太阳、月亮或魔法船形状的蛋糕、玫瑰色的果汁等。短暂的休息时间之后，一个小精灵出现，与娃娃争论接下来该讲什么故事。她要在孩子们疲倦之前停止，而这个时候他们可能还想再听一个故事。结束的时候，娃娃像孩子们常见的那样，显得很不情愿，最后她唱一首歌，掖好娃娃的被角，吹灭蜡烛。她用手指按住嘴唇，和小精灵一起请孩子们安静地离开。尽管窗外不时传来汽车喇叭声，房间里安静和谐的讲故事仪式却对每个人都产生了积极的影响，还引发了许多父母关于如何照顾孩子的非常好的讨论。

由于相信故事能改变社交场合的氛围，我的一位朋友——她是两个孩子的母亲——在快要过四十岁生日的时候，决定邀请一位有经验的故事家到她的小房子和灌木丛生的花园里来举行一个庆祝会。出于多种个人原因，她希望故事的主题是“忠诚”。和家人以及保姆一起到来的，是各个年龄段的孩子，从两岁到十六岁不等。花园里放着一个木制的秋千椅，那是送给她和家人的另一件有形的生日礼物。故事家穿着一件低调的绿色长衫，坐在椅子上，用木头竖笛吹了一首简单的旋律，引起大家的注意。最后，喧闹的一大群人——大概有五十来个，有的还带着宠物——一起聚集在草地上。故事家随手拨弄琴弦，弹起了轻柔的旋律，同时轻轻哼唱着——然后，她用充满磁性的声音开始了她的故事：

从前，有一个伟大的国王。

在故事中，国王的信使宣布：

注意了！注意了！寻找神圣的大布卡西卡的时间又到了！他住在黑森林、大湖、野风山谷和烈火壕沟的那一边。谁要想找到布卡西卡，就得经受这四重考验，而且你们必须两个人或者更多的人结伴前去，否则肯定会失败。出发之前，请以敬爱的国王的名义宣誓，不管旅途中遇到什么困难，你们都会彼此绝对忠诚。如果你们真的找到了布卡西卡，仔细地看着他，或许他会赐给你一样东西，或给你一样礼物，在返回的途中甚至今后的岁月里，这样礼物都会让你受用不尽。如果你真的返回了，国王和他的大臣们会听听你的故事。

然后故事家站起来，用另外一种声音说：

现在请慎重选择你的朋友，三个或四个一组。当然，宠物也可以。每个组里必须有一个成人。坚定而真诚地发下彼此忠诚的誓言，然后才能开始冒险之旅。房子和整个花园都是你们的故事场所。地下室可以是黑森林，这道篱笆是森林的边缘。那个水塘是大湖。要忠实地遵守神圣的路线，从森林到大湖到山谷再到壕沟。万一遇到了麻烦，你们可以呼救，借助想象的天赋，救助者一定会来到，带领你们安全地度过危险和考验。他们可能是假装成鸟、虫、巫师或猫的天使。在故事时间里，二十分钟可能是一年或者一天。请记住，在遇到考验的时候，只要你请求帮助，你一定会得到帮助。音乐响起的时候，请回到这里来讲述你的历险经历。讲完历险故事之后，国王会举办盛大的宴会。在整个旅途中彼此忠诚的朋友们都可以参加这次宴会。

探险小组形成了：父亲和孩子们；祖父母和孙子们；三位妈妈；孩子们和保姆，牵着一只狗，抱着大猫和小猫。每个组都以自己的方式，带着玩笑，也带着热忱与庄重，宣誓在旅途中要彼此忠诚。叫喊、呼唤、叹息和许多的惊险之后，讲故事的人奏响音乐，召回大家，自己也恢复讲故事的角色。有的人回来得很慢，有的很快，大家满怀着惊奇，高高兴兴地回到国王的宝座边。看到他的百姓寻找布卡西卡回来之后，比以前更加强壮，更加容光焕发，故事里的国王非常高兴。他很想听大家讲述历险故事。每个小组指定一个讲故事的人，站起来复述这个小组的故事。

庆祝活动持续了大约一个小时，之后丰盛的食物被源源不断地端出来。故事家穿梭在人群里，倾听更多人讲述旅途中的考验和成就。清晰的旅途结构使每个小组的成员都能够激发出彼此的灵感，创造出丰富的经历，回来后讲给大家听。这种社区式的、具有游戏色彩和原型色彩的旅途，以其鲜明的节奏和完整性，滋养了每一个人，包括年龄最小的客人。

我喜欢想象在新千年的世界里，所有孩子都被有趣又有智慧的故事所围绕，每一个喜欢电视和电脑的家庭都愿意至少每隔一段时间过一天关掉电视和电脑的日子。在这一天，寂静在生长，渐渐充满屋子内外。对故事的渴望油然而生。家人和特殊的朋友围坐在烛火边，邀请整个人类家庭的精神加入他们。大家唱一两首歌，某个人演奏某样乐器——孩子的小提琴、爸爸的口琴或是爷爷的班卓琴[1]。爸爸或妈妈开始讲故事，或许拿着一本奇妙的空白书，从头到尾不被打断地讲完一个原创故事或一个熟悉的古老传说。一个讲得很精彩的故事总是带有个人的人生经验，或许是家里的某个老人自

[1] 班卓琴（Banjo）：又称五弦琴，相传起源于西非，在奴隶买卖盛行时期传入美洲大陆，1870 年以后开始流行于西方城市居民家中。它上部形似吉它，下部形似铃鼓，用手指或拨子弹奏。——编者注

己小时候听过的。孩子们也可以讲自己从学校里听来的故事。大家带着爱和尊重仔细倾听所有故事。故事讲完后，再唱一首歌，感谢所有的故事。最后留下一段时间静静倾听一首故事歌——关于古老的地球、天空、月亮、太阳，还有遥远的闪烁的星星。然后吃晚饭，在安静中快乐又满足地入睡。

致　谢

我感谢马丁·拉奇（Martin Large）和山楂出版社邀请我写这本书，也感谢约翰·杜切蒂（John Docherty）在威尔士多风的海边山崖上为这本书做了那么多的润色工作。我珍惜为这本书带来影响的每一个人，无论是大人还是孩子。他们中的很多人是我通过国际华德福学校运动认识的。我想提到的人是那么多，我希望他们知道我说的是谁——蓝调大哥（Brother Blue）和露丝·希尔（Ruth Hill）、我母亲、海伦·丹·斯特林格（Helen Dann Stringer）、泰迪·帕克（Teddy Parker）、吉塞拉·比特斯顿（Gisela Bittleston）、卡罗尔·孟基提（Carol Menkiti）和伊菲安妮·孟基提（Ifeanyi Menkiti）、盖伊·皮尔特里（Guy Peartree）、米瑞安姆·齐格勒（Miriam Ziegler）、贝蒂·派克（Betty Peck）、安娜·瑞恩维勒（Anna Rainville）、沙伦·布莱德劳（Sharon Bredlau）、夏洛特·哈斯（Charlotte Haas）、马瑞可·瓦尔布莱希特（Mariko Valbracht）、芭芭拉·丹荣（Barbara Damron）、伊瑟韦恩·弗兰克（Ethelwyn Frank）、安娜·迪·乔万尼（Anne di Giovanni）、苏珊娜·唐（Suzanne Down）、克里斯汀·图里米罗（Kristi Tulimiero）、德博拉·博盖特（Deborah Bogart）、卡特里娜·肯尼森（Katrina Kenison）、科林·麦克诺顿（Colin McNaugton）、贝亚德·布罗科沃（Bayard Brokaw）和凯莉·布罗科沃（Kerry Brokaw）、本·爱德华兹（Ben Edwards）、拉里·卡特（Larry Carter）和凯伦·卡特（Karen Carter）、阿希礼·兰姆斯登（Ashley Ramsden）和克里斯汀·兰姆斯登（Kristin Ramsden）、玛莎·凯尔达（Martha Kelder）和德克·凯尔达（Dirk Kelder）、海德·舒尔（Heide Scheuer）、朱莉娅·盖尔金娜提斯（Julia Galginaitis）、凯斯琳·凡·德·威尔德（Kathleen van der Weerd）、玛丽·海顿（Mary Haydon）、玛丽恩·斯瓦顿（Marion Swatton）、尼姆·德·布卢恩（Nim de Bruyne）、弗朗西斯·爱德蒙兹（Francis Edmunds）、玛格丽特·梅尔科特（Margaret Meyercourt）、李斯·诺特罗特（Lies Nottrot）……